서울대학교 한국학 모노그래프 37

한국문화를 쓴다

강용흘의 『초당』과 이미륵의 『압록강은 흐른다』 비교연구

최 윤 영

서울대학교출판부

Writing Korean Culture

A Comparative Research on *The Grass Roof* and *The Yalu flows*

Choi, Yun-Young

Seoul National University Press

머리말

이 책은 강용흘의 『초당』과 이미륵의 『압록강은 흐른다』를 비교한 것이다. 오래 전에 이미륵의 『압록강은 흐른다』를 읽고 그 수려한 필치와 평화로운 옛 한국 정경 묘사에 감동을 받았던 기억이 난다. 한동안 한국문화는 원래 이런 것이 아닐까라고 생각했는데 나중에 다시 곰곰이 짚어 보니 바로 이러한 문화가 사라져 가는 것이 한국의 현실이 아닌가 하고 생각이 바뀌었다. 그후 우연히 강용흘의 『초당』을 읽고 작품 역시 흥미로웠지만 그 내용이나 형식이 이미륵과 유사하다는 점에 더욱 주목을 하게 되었다. 도대체 왜 당시의 작가들은 이러한 글들을 쓰게 되었고 이후에는 이러한 글들이 나오지 않을까에 대해 계속 관심을 갖고 있었는데 미국의 한 서점에서 우연히 중국학자 잉이 쓴 책을 읽게 되었고 이민문학이라는 새로운 연구분야를 알게 되었다. 아시아계 초기 이민문학들이 비슷한 양상을 보인다는 것은 매우 흥미로운 사실이었다. 이 책은 이미륵과 강용흘의 소설들이 이민문학의 전체 흐름 가운데 어떤 맥락에서 나왔고 두 글이 어떤 점에서 유사하고 어떤 점에서 차이를 보이는가를 분석한 것이다. 이후의 이민문학들과 달리 초기 이민문학은 개인의 유년시절에 대한 회상을 통해 한국문화를 고유한 독자 문화로 재현하고 이에 대한 향수를 주로 서술한다.

이 책이 나오기까지는 관련 기초연구서를 낸 분들의 도움이 컸다. 이미륵에 대한 연구를 꾸준히 해오신 정규화 선생님은 개인적으로도 많은 조언과 도움을 주셨고 그 외에 구한말 외국인들이 남긴 기록을 꾸준히 번역하고 계시는, 개인적으로 면식이 없는 신복룡 선생님께도 감사를 드린다. 이들의 연구가 바탕이 되지 않았다면 이 책은 나올 수가 없었을 것이다. 또한 이 글을 쓰도록 장기 기초 연구비 지원으로 연구 여건을 마련해 준 서울대학교 한국학연구사업위원회에도 깊은 감사의 마음을 전하고 싶다. 마지막으로 늘 시간이 모자란 필자를 이해해 주고 아껴준 가족 모두에게 따뜻한 마음의 정을 보낸다.

외국과의 접촉이 빈번해지는 이때 이민문학이 담아내는 삶의 이야기와 문제의식은 우리에게 여러 가지 면에서 많은 시사점을 줄 것이다. 앞으로 이민문학 분야에 더 많은 관심이 쏟아지기를 기대해 본다.

2006년 5월

차 례

I. 해외 이민문학과 민족지

이 글은 일제강점기의 대표적 이민문학을 대상으로 한국문화 재현의 문제를 다루고자 한다. 한국문화의 재현에 있어서 우리는 정형화된 특정 이미지들을 자주 접하고 이들이 한국문화의 '정수'나 '본질'을 대변한다고 이야기한다.[1] 그러나 한국문화가 과연 무엇인가 또는 무엇으로 대표되는가라는 문제는 대단히 복잡하고 중층으로 얽힌 문제이며 쉽게 대답하기 어려운 문제이다. 이는 한국문화 자체의 다양성과 복합성 때문만이 아니라 문화 자체가 시대에 따라 변하고 다른 문화와 끊임없이 혼합되기 때문이다. 한국문화가 무엇인가의 문제를 이 글에서처럼 문화 재현의 문제로 초점을 좁혀 고찰한다 하더라도 그것은 역시 마찬가지로 대단히 복잡한 문제로 나타난다. 한국문화는 내국인과 외국인에게 각기 다르게 표상되고 재현되며 또한 그 안에서도 각기 다양한 모델들이 존립해 왔다. 글로 쓰여진 경우에 한정하더라도 이 재현들은 수많은 맥락들이 교차하는 가운데 생산되었고 텍스트 층위에서뿐만 아

1. 이러한 점은 단군신화나 단일민족 신화를 강조하는 데서 혹은 소위 '한', '멋', '은근과 끈기' 등과 같은 정서를 강조할 때 혹은 '고요한 아침의 나라' 같은 국가 이미지에서 두드러진다.

니라 저자와 독자의 층위에서 각기 다르게 굴절된다. 이 글에서는 한국문화를 대표한다고 읽혀 온 텍스트들을 분석하는데 이때 한국문화의 독자성이나 순수성, 혹은 불변의 본질을 강조하기보다는 한국문화가 문화들의 끊임없는 교류 가운데 생산되고 구성되고 재현되었음을 강조하고자 한다. 이는 무엇보다도 그 텍스트들이 생산되고 수용되는 복잡한 맥락을 짚어봄으로써 가능해질 것이다. 즉, 특정 텍스트들이 특정 맥락에서 생성됨을 살펴보아 그 시공간적 좌표를 짚어보고, 현재 이 텍스트들을 읽는 독자들의 또 다른 좌표를 언급함으로써 문화 재현의 구성성을 논할 것이다. 때문에 본 글에서는 텍스트(text)의 내재적 분석에 앞서 텍스트를 둘러싼 이러한 맥락(context)들을 먼저 짚어볼 것이다.

이 글은 한국 내지 한국문화를 소개하고자 하는 의도를 분명히 가졌고 또한 그렇게 수용되었던 문학작품들에 주목한다. 구체적으로는 일제강점기하에서 쓰여진 강용흘(Younghill Kang, 1898~1970)의 소설 『*The Grass Roof* 초당』(1931)과 이미륵(Mirok Li, 1902~1950)의 소설 『*Der Yalu fließt* 압록강은 흐른다』(1946)를 연구대상으로 한다.[2] 이때 '문화 재현의 시학' 이라는 분석틀은 작가들 스스로도 한국의 얼과 문화를 외국(미국과 독일)에 전달하는 것을 중요한 과제로 생각했고,[3] 이 소설들이 이제까지 특이하게도 순수 문학적 관심에서보다는 "한국인

2. 이미륵의 작품은 엄밀하게 보면 1946년에 출판되었기 때문에 발표연도로 보면 일제강점기 작품으로 볼 수 없다. 그러나 이미 『압록강은 흐른다』는 일제강점기에 쓰여졌고 그 중요한 내용은 「수암과 미륵」(1935) 등의 자전적 글을 통해 1930년대에 발표되고 있었다. 이 외에도 이미륵은 「내세와 현세」(1933), 「한국인의 조상숭배」(1933), 「한국과 한국인」(1934), 「이상한 사투리」(1934), 「나의 피부색 해명」(1934), 「한국의 종교」(1933) 등의 한국 풍습이나 문화를 소개하는 글들을 30년대에 주로 신문에 기고하였다. 이 점에서 일제강점기는 강용흘에서와 마찬가지로 그의 작품에서 결정적인 역할을 한다.

3. 이미륵의 본명은 李儀景이며 미륵은 아명인데 Mirok Li라는 필명으로 독일에서 글을 발표하였다. 강용흘의 경우 본명은 姜鏞訖이며 Younghill Kang이라는 필명으로 미국에서 창작활동과 번역활동을 하였다.

의 깊고도 맑은 정신"[4] 내지는 "동양적인 사고방식의 핵심"[5]을 외국에 전달했고 "한국에 대해서 아지껏 없었던 좋은 보고서"[6] 혹은 "한국과 한국인을 미국에 알리는 기능을 담당"[7]했다는 점에서 주목을 받아 왔다는 점에서 정당화될 수 있을 것이다.

---

4. 전혜린, 「압록강은 흐른다 번역후기」, 『이미륵, 압록강은 흐른다』, 서울 1989, 범우사, 190쪽.
5. 정규화, 「이미륵의 생애와 문학」, 『이미륵, 압록강은 흐른다』, 서울 2000, 범우사, 419쪽.
6. 전혜린, 앞의 책, 191쪽에서 재인용. 이미륵에 대해서도 이제까지 나온 소수의 논문들은 대개 이러한 관점에서 쓰여졌다. Vgl. S. U. Schmacher, Asian and western world views in the literature of Mirok Li, A cultural mediator between Korea and Germany, master thesis, Graduate school of International Studies of Yonsei University, 1990/정규화, 위의 글/K. Stocker, "Ein kultureller Mittelr zwischen Fernost und Europa: Mirok Li-Notizen zu einem Wiedergelesenen," in: *Dokilmunhak*(1988), Bd. 40, S.408-440/K. El Souessi, *Kulturbegegnung/Kulturkonflikt, Das Leben und das deutschsprachige Werk des Koreaners Mirok Li*, Magisterarbeit an der Universität München, 1995.
7. 이제까지 나온 비평이나 학술연구들도 이러한 점을 부각시키고 있다. 예를 들어 호지 같은 경우 『초당』에 대하여 다음과 같이 평하고 있다: "Mr. Kang is on sure grounds when he gives us Korea and Koreans. His book is a real contribution to our understanding of his countryman and women." L. Hosie, "A Voice from Korea. Rev. of Kang Younghill's The Grass Roof," *Saturday Review of Literature* 7, 1931, p.707.

II. 문화를 쓴다

최근의 문화 개념은 많은 변화를 겪고 있다. 문화는 이제 내적으로도 자체로 완결된 통일체가 아니라 그 경계가 불분명하고, 불연속적이고, 부분적이며 때로 모순적인 것이라고 이해된다.[1] 문화 개념 및 문화정체성 개념을 놓고 보더라도 이들이 독자적으로 순수하게 규정되는 실체이거나 혹은 보편적이거나 절대적으로 단일하게 규정될 수 있는 형태로 존재한다는 주장은 강한 의문의 대상이 되고 있다. 그 결과로 문화의 비고정성과 복수의 정체성, 수행성이 이야기되는데 이는 역사적 관점에서도 그러하다.[2] 즉 문화 개념은 특정 시기에 화석화되어 고정된 실체를 가진 정태적 존재로 이해되는 것이 아니라 가변적이며 역동

---

1. 이기한도 한국계 미국인 문학의 특징으로 자아 관념이 정적으로 고정되어 있지 않고 계속 변하고 발전하는 과정성을 지적하고 있다. J. K. Lee, *The Notion of Self in Korean American Literature A Socio-Historical Perspective*, University of Connecticut, 1990, pp.17f.
2. 역사학의 '역사' 대 '기억'의 대립구도에서도 이러한 흐름을 확인할 수 있다. 탈역사적 흐름은 민족사 위주의 서술에서 '집단기억'(알바시)으로 관심의 전환을 가져왔고 최근 독일에서도 이러한 경향을 반영해 『기억의 장소(*Deutsche Erinnerungsräume*)』가 3권으로 정리되어 출판되었다. Vgl. F. Schulze(Hg.), *Deutsche Erinnerungsräume*, München 2002.

적인 존재로 이해된다. 무엇보다도 주변 문화와 주고받은 영향과 교류는 중요한 역할을 한다. 문화는 자기 것과 낯선 것이 끊임없이 관계를 맺고 경계를 넘고 서로 융합하며 정체성이 새로이 구성되는 역동적인 존재인 것이다. 바흐만-메딕(Doris Bachmann-Medick)도 이러한 관점에서 '문화' 자체가 이미 크고 작은 문화 간의 끊임없는 접촉에서 생겨난 문화옮기기(번역)이라고 규정하고 있다.[3] 한국문화를 대상으로도 이러한 논의가 이루어져 최근에 나온 한국 민족문화의 정체성에 대한 연구논문들은 각 시대에 어떻게 한국 고유의 문화가 논의되었는가, '한국 고유문화'의 기원과 변천사를 추적함으로써 한국 단일민족 문화의 순수성에 의문을 제기하고 있다.[4]

문화가 무엇인가라는 질문뿐만 아니라 문화를 쓴다는 것은 무엇인가, 즉 문화의 서술 및 재현을 두고도 최근의 연구는 이전과는 다른 많은 변화를 보여준다. 해체주의, 포스트모더니즘, 포스트식민주의 등의 영향을 받은 연구자들은 소위 근대적 '문화 번역'과 '문화 재현'의 개념을 비판한다. 무엇보다도 특정 문화가 특정 시점에 특수하고 순수한 형태로 존재하고 있다든가 혹은 문화전달자(주로 인류학자)가 이를 관찰하고 돌아와 자신의 언어로 진실하게 옮긴다는 등의 근대 민족지의 전제들이 반론의 대상이 된다. 본 연구대상과 관련시켜 볼 때 흥미로운 논쟁은 특정 민족이나 문화를 두고 쓰여진 민족지에 대한, 소위 '문화를 쓴다(Writing Culture)' 라고 명칭이 붙여진 논쟁이다.[5] 이들이 비판

---

3. Vgl. D. Bachmann-Medick, "Übersetzung als Repräsentation fremder Kulturen," *Göttinger Beiträge zur internationalen Übersetzungsforschung*, Bd. 12(1997), S.13-17.

4. 탁석산, 『한국의 정체성』, 서울 2001, 책세상; 탁석산, 『한국의 주체성』, 서울 2001, 책세상; 고미숙, 『한국의 근대성, 그 기원을 찾아서—민족, 섹슈얼리티, 병리학』, 서울 2001, 책세상 등이 이러한 문제를 제기한다.

5. 일단의 이론가들은 19세기, 20세기 초의 소위 근대적 민족지들을 비판하면서 '문화를 쓴다' 라는 논쟁을 전개하고 그 결과를 책으로 정리해 낸 바 있다. J. Clifford, *Writing Culture*, Berkeley 1986, University of California Press, p.2. 우리말로도 번역되어 있다. J. 클리포드, 『문화를 쓴다』, 이기우 역, 서울 2002, 한국문화사.

하는 것은 근대의 민족지들이 내세우는 이른바 "표현의 투명성과 경험의 직접성" 이다.[6] 더불어 민족지학자들이 주장했던 자신의 연구대상과 거리를 둔, 선입견 없는 학자로서의 저자상도 문제시된다. 특히 낯선 문화를 체험하고 인식한 후 자국 땅에 돌아와 민족지(民族誌)나 문화지(文化誌)를 기술하는 여행자(homo viator)로서의 문화인류학자의 고전적 위상은 상징적으로 비판의 대상이 된다. 이제까지 낯선 "그의 원주민" 을 찾아 많은 시련을 겪으며 "현지조사" 를 거쳐 자료를 수집한 후에 본국으로 돌아와 그 문화에 대한 "참된" 설명을 써낸 "고독한 민족지학자" 라는 위상이 비판적 시각에서 재조명되는 것이다.[7] 민족지 저술가는 더 이상 초월적이고 중립적인 매개자로 간주되지 않으며 문화는 결코 진공상태에서 쓰여진 것이 아니다라고 주장된다.[8] 대상문화를 투명한 창을 통하여 객관적으로 전달한 것이 아니라 자신들이 속한 문화적 맥락에서 '문화를 썼다' 거나 '문화를 구성했다' 는 것이다. 이때 주된 논점은 거리를 둔 관찰자 시점의 중립성에 있는데 "있는 그대로" 를 전달했다는 주장과 달리 민족지 저자들이 낯선 문화를 자국 중심의 언어와 문법, 시각 및 문화체계 안에서 전달함으로써 결국 자신의 문화를 기준문화로서 표준화, 보편화시키고 대상문화를 이 시각에서 타자화(他者化)시켜 왔다는 것이다. 특히 자신의 문화를 '선진' 문화라고 생각하는 유럽중심주의적, 미국중심주의적 시각은 낯선 문화를 미개문화, 하위문화, 이국(exotisch)문화로 전형화시켜 서술해 왔다는 점에서 비판을 받고 있다.

그 결과 '낯선 것(das Fremde)' 을 해석하는 것은 '자기 것(das

6. 위의 책, p.2.
7. R. 로잘도, 『문화와 진리』, 권숙인 역, 서울 2000, 아카넷, 70쪽 참조.
8. 우리나라에서는 김현미가 이 문제를 제기하였다. 김현미, 「문화번역. 근대적 성찰의 비판적 작업」, 연세대학교 유럽문화정보센터 개소기념 학술대회 발표문(2001), 1-9쪽 참조.

Eigene)'의 인식 관심과 불가분의 관련이 있다는 주장은 인류학에서 해석의 역할을 이전보다 더 강조하고 민족지를 보다 문학친화적으로 이해하게 만들며 "레토릭," "픽션," "주관성"이 새로운 핵심범주로 논의되게 만든다.[9] 이는 여행기나 이민자 문학, 그 외에도 문화의 혼종성을 다룬 문학 혹은 경계를 넘나드는 작품들뿐만 아니라 객관적 학문으로 간주되었던 문화인류학의 민족지 연구에서도 그러하다.[10] 이때 민족지의 문제는 서사(narrative)의 문제로 나타나고 저자의 시각은 그 역사, 정치, 문화, 지배의 맥락과 더불어 논의된다.

이러한 맥락에서 최근에 많이 쓰여진 자전적 민족지, 문화지들은 내부자 시각에서 문화의 정체성 문제를 새롭게 조명했다는 점에서 중요성을 얻는다.[11] 이때 자서전은 한편으로 새로운 민족지의 형식이면서 다른 한편으로 자기-서사로서 내부자 시각의 민족지라는 점에서 중요성을 얻는다.[12] 더 이상 시각의 권위를 주장할 수 없는 외부시각에서 쓰여진 글에 대항하는 것은 바로 내부자가 구성한 자아상, 자기 재현이다. 이들은 보다 깊이 있고 세분화된 역사 및 현실 이해를 바탕으로 낯선 타자의 시선에 맞서 자전적 진실을 주장한다. 다시 말해서, 이 자전적 글들은 서구인들의 시각에서 쓰여지는 민족지들에 대한 내부자들의 '대항서사'로 중요성과 의미를 얻는다.[13] 강용흘과 이미륵의 글들은

---

9. 이 논쟁과 관련된 새로운 민족지의 대안들은 주로 포스트모더니즘의 관점에서 논의되고 있으나 이미 이전에도 다양한 양식의 민족지가 시도되었다는 점을 두고 볼 때 이들의 논의 중 일부는 포스트모더니즘 이전의 민족지들에게도 적용된다고 볼 수 있다.

10. J. 클리포드, 앞의 책, 23쪽.

11. 특히 문화가 혼종된 현실에서 이러한 소수민족들의 자서전적 민족지들은 다원적인 탈산업사회의 탐구형식으로 주목받고 있다. M. J. 피셔, 「민족성과 포스트모던의 기억술」, J. 클리포드, 앞의 책, 317-382쪽 참조.

12. 위의 책, 5쪽 참조.

13. 서구적 문학형식이라 할 자서전을 빌어 서구의 시선을 맞받아쳤다는 점에서 포스트식민주의의 되받아쓰기와 비교해 볼 수도 있다. 즉 식민지배자들이 식민지에 가르친 서사와 문학형식을 가지고 다시 되받아쓰는 것이다.

비록 20세기 초에 쓰여졌고 포스트모던 시대의 민족지들과는 다른 양상을 보이지만 이미 문화를 쓴다는 의식하에 저술되고 또 읽혀졌으므로 민족지의 범주 안에서 그 시학을 논하는 것도 의미있는 작업이 될 것이다.

III. 민족지의 시학

『초당』과 『압록강은 흐른다』의 비교연구

본고에서 강용흘과 이미륵의 텍스트를 비교하고자 하는 것은 우선 두 글이 갖고 있는 많은 공통점들 때문이다. 그러한 점에서 볼 때 아직까지—이 두 대표적 초기 이민문학작품 자체가 별로 활발하게 연구되지 않았을 뿐만 아니라—두 작품을 비교분석한 연구가 거의 없었다는 것이 의아스러울 정도이다.[1] 이 장에서는 우선 작가의 개인사의 공통점을 살펴본 다음, 구체적인 텍스트 분석의 핵심 틀이자 공통된 기본전제로 '대항적 기억', '선택적 기억', '양 문화적 기억'을 논의하고 마지막으로 '능변의 글쓰기'와 '생략의 글쓰기'를 차이점으로 들기로 하겠다.

---

1. 강용흘과 이미륵의 비교만을 다룬 논문이나 책은 없고 비교를 한 유일한 논문으로 김효원의 「이미륵과 제임스 조이스에 비추어본 강용흘의 소설세계」, 『논문집』 7(1989), 한림대학교, 97-112쪽이 있다. 김효원의 주관심은 제목에서도 드러나다시피 강용흘의 작품세계를 분석하는 데 있으며 이미륵은 대조할 때에만 보조적으로 간간이 분석되고 있다. 김효원은 전반적으로 강용흘의 작품을 더 높이 평가하고 있다. 이 외에는 미국에서 두 작품을 묶어 한권의 책으로 발행한 적이 있다. 이 책에는 강용흘의 『초당』의 경우 1부만 실렸고 이미륵의 작품은 영역본 *The Yalu flows*가 실렸다. See Younghill Kang & Mirok Li, *The Grass Roof & The Yalu flows*, New York 1975, W.W. Norton & Company.

1. 강용흘과 이미륵

우선 작가들의 이력과 작품의 내용과 줄거리에 있어서 많은 공통점이 두드러진다. 강용흘과 이미륵은 자전적 성격을 강하게 가진 작품 『초당』과 『압록강은 흐른다』에서 자신들의 어린시절과 학생시절로부터 시작하여 각기 미국과 독일에 도착하기까지의 과정을 대체적으로 연대기순으로 서술한다. 또한 이들의 글은 저자들이 개인의 인생사를 기록할 뿐만 아니라 동시에 자신이 처한 시대의 목격자라는 것을 분명하게 의식하고 있었다는 것을 보여준다. 두 작가는 한국의 소용돌이치는 격변기(국교 개방 – 한일합방 – 식민지하의 근대화)를 동시대인으로 같이 겪었고 이러한 사건들은 두 작품 모두에서 주내용이 되고 있다. 가장 중요한 주제인 구세계와 신세계의 갈등은 공간적, 문화적 갈등(동양과 서양)으로서뿐만 아니라 한국 내에서도 보수와 진보의 갈등으로 격렬하게 펼쳐진다.

작가의 실제 개인사를 살펴보더라도 많은 공통점이 드러난다. 두 작가는 거의 같은 시기에 유교적 선비가정의 외아들로 태어났고 교육적 성장배경도 상당히 유사하다. 작가인 강용흘은 1903년에 태어나 1972년에 미국에서 사망하였으며,[2] 이미륵은 이보다 이른 1899년에 태어나

2. 강용흘은 1903년 함경남도 홍원에서 태어났으며 서울의 오성중학교와 함흥의 영생중학교를 다녔다. 삼촌에게 그리고 서당에서 전통식 교육방법으로 한학을 습득하고 선교사에게 개인적으로 라틴어와 그리스어를 공부하였다. 3 · 1운동 후 일제의 추격을 피해 1921년 미국으로 건너갔으며 캐나다의 댈후지 대학에서 수학했다. 이어 보스턴 대학에서 의학을, 하버드, 뉴욕 대학에서 영문학을 공부하였다. 학위를 취득한 이후에 1929년 최초의 번역시집인 『동양시집』을 출판하였으며 브리태니커 사전의 동양 관련 항목을 집필하기도 하였다. 토머스 울프의 격려에 의하여 첫 작품 『초당』을 썼으며 이를 1931년 출판하였다. 그는 이 작품으로 북 오브 더 센츄리 상과 구겐하임 상을 탔으며 이 작품은 거의 10여 개 국어로 번역되었다. 강용흘은 구겐하임 창작기금을 얻어 1933년에서 1935년까지 유럽에 가서 이탈리아 피렌체에서 다음 작품을 구상하기도 하였다. 1937년에는 문학적으로 더 높은 평가를 받는 『동양인 서양에 가다(*East goes West*)』가 출판되었다. 강용흘은 뉴욕 대학교를 비롯한 여러 대

1950년 독일에서 사망하였다.[3] 또한 두 작가 모두 1919년 3·1운동에 참가했고 이 일로 일제경찰의 추격을 받아 중국으로 도피하였으며 결국 각각 미국과 독일로 망명을 하게 된다. 외국으로 간 직접적인 계기는 앞의 사건들이라고 볼 수 있지만, 다른 한편으로는 새로운 문물과 문화를 배우기 위하여 어린시절부터 외국유학을 동경했기 때문에 이들 외국행의 보다 근본적인 목적은 서양문물에 대한 관심이라고 볼 수 있다. 둘 다 한국이 일본에 패망한 이유를 한국이 일본보다 늦게 근대화를 한 데 있다고 보고 그래서—적어도 유년시절에는—서구근대문

학에서 강의하였다. 1939년부터는 뉴욕시의 미술박물관 이사로 일하다가 미국정부의 동양 관련 전문직을 얻었고 해방 후 귀국하여 서울에서 미 군정청 출판부장을 맡기도 하였고 서울대 문리대에서 강의를 하기도 하였다. 1948년 다시 미국으로 돌아가 여러 대학에서 영문학, 비교문학, 철학 등을 강의하다가 1972년 타계하였다. 저서로는 대표작 『초당』과 『동양인 서양에 가다』와 전자를 어린이를 위해 각색한 『행복한 숲(*The Happy Grove*)』(1933) 등이 있다. 또한 부인 프랜시스 킬리와 함께 한용운의 『님의 침묵(*Nim-e Ch'immuk*)』(1970)을 영어로 번역하였다. 강용흘의 출생연도에 대해서는 여러 가지 이설들이 있다. 이에 대해서는 김욱동, 『강용흘. 그의 삶과 문학』, 서울 2004, 서울대학교출판부, 6쪽 이하 참조.

3. 이미륵은 1899년 3월 8일 황해도 해주의 유복한 가정에서 외동아들로 출생하였다. 1905년부터 서당에서 한문을 공부하였으며 1910년부터 1914년까지는 황해도 해주의 제일소학교를 다녔다. 1914년에 신식 중학교에 다니다가 건강이 악화되어 휴학을 하였다. 이후 독학으로 중학교 과정을 마쳤고 입학시험에 합격하여 1917년부터 1919년 3·1운동에 참여할 때까지 경성의학전문학교에서 의학을 공부하였다. 그후 일경의 추격을 피하여 상해로 건너갔다가 1920년에 독일에 도착하였다. 1921년부터 뷔르츠부르크 대학교 의학부에 입학하여 학업을 다시 재개하였으나 건강이 악화되어 1922년 휴학을 하였다가 1923년 하이델베르크 대학을 거쳐 1925년 뮌헨 대학교 동물학과로 전학한다. 그는 1928년 뮌헨 대학교에서 동물학 분야의 논문으로 이학박사학위를 수여받는다. 1931년 『다메(*Dame*)』라는 잡지에 「한국 골목의 밤(Nachts in einer koreanischen Gasse)」을 독일어로 발표한 것을 시작으로 1935년 『수암과 미륵(*Suam und Mirok*)』을 발표하는 등 작가로 활동하기 시작하였다. 1946년에는 '월요집담회(Montags-Kolloquium)'라는 모임을 만들었고 1946년에 『압록강은 흐른다』를 발표하였다. 그 외에도 다수의 중·단편을 썼으며 『압록강은 흐른다』의 후속편 원고를 썼으나 소실되었고 현재 알려진 뒤늦게 발견된 유고를 중심으로 1982년 정규화가 『그래도 압록강은 흐른다』를 편집해 번역하였다. 1948년에서 1950년까지는 뮌헨 대학교 동양학부에서 강사로 한국, 중국, 일본 문학을 강의하였다. 지병으로 1950년 3월 20일 독일에서 타계하였다.

명에 경도되었었던 점 또한 유사하다. 예를 들어, 서구식 근대화와 서구의 지식과 과학문명의 수용을 적극적으로 주장하는 강용흘 소설의 주인공 한청파는 당대 한국의 '문명개화(文明開化)'의 화두를 다음과 같이 개진한다.

> "어떻게 한국 사람들이 다시 잘살 수 있을까요?" 나는 아버지의 말씀을 되풀이하여 말했다. "이런 대접을 받는 마당에." "한국 사람들은 바로 지도자를 기다리고 있다." 하고 그[박수산]는 엄숙하게 말했다. "서양교육을 받은 지도자, 서양의 진보적인 이상을 가진 지도자를 말이다."
>
> 이런 말은 내가 오랫동안 갈구하던 말이었다. 나 역시 서양의 지식에 매료되어 있었기 때문이다.
>
> "일본은 서양 과학으로 한국을 정복하였다. 우리는 그 과학의 뛰어난 지식으로 우리의 자유를 되찾아야 한다." 하고 박수산은 말했고 나는 그의 말에 동의했다."
>
> "How can the people of Korea ever be happy again?" I echoed my father's words. "When this is how they are treated?", "They are just waiting for leaders," he[Park Soo-San] said solemnly, "They are waiting for leaders, leaders with Western education, Western ideals of progress."
>
> These were words I had long been hunging for. I too was fascinated by the knowledge of the West.
>
> "Japan has conquered Korea by Western science. We must regain our freedom by a superior knowledge of that science," Park Soo-San would say, and I would agree.(K 181)[4]

소설 속에서 나타나는 두 주인공의 인생의 목표—이는 작가들의 개인적 이상상을 반영하는데—또한 유사하다. 청파는 "박사(doctor)"를 지향하고 있으며 미륵의 지향점도 "현인(ein Weiser)," "군자(Meister)"로 유교적 전인 이상을 강하게 반영한다. 둘 다 깊은 학문적

4. 이하 원문 텍스트로 Younghill Kang, *The Grass Roof*, New York 1931, Charles Scribner's를 사용하였으며 원문 바로 뒤에 괄호 안에 약자 K와 원문의 쪽수를 명기하였다.

갈증을 지녔고 교육경력도 유사하여 한국에서 전통 서당교육과 더불어 일제강점기에 도입된 신식학교의 고등교육을 받았으며 미국과 독일에서 학업을 계속하여 대학교육을 마쳤다. 또한 한동안 자연과학을 공부했다가 이를 포기하고 다시 정신문화로 관심을 돌리는 것도 유사하다.[5] 강용흘은 보스턴 대학에서 의학을 공부한 적이 있고 이미륵도 한국에서 의학을 공부했고, 독일에서도 처음에는 의학을 공부하다 생물학으로 전공을 바꾸어 박사학위까지 취득하였지만 결국 두 작가들이 학업을 마친 후에 주로 한 일은 외국인들에게 한국을 소개하는 것이었다. 강용흘은 미국의 뉴욕 대학을 위시한 여러 대학에서 아시아 문학을 강의했으며 이미륵 역시 독일의 뮌헨 대학에서 마찬가지로 한국과 중국, 일본 문학에 대한 강의를 하였기 때문이다.

무엇보다도 흥미로운 사실은 이미륵이 강용흘의 영향을 많이 받았다는 것이다. 강용흘은 『초당』의 성공에 힘입어 미국에서 여러 문학상을 수상하고 구겐하임 재단의 지원으로 독일, 이탈리아 등 유럽으로 창작여행을 떠나게 된다. 그는 1931년 뮌헨에 들렀고 그때 이미륵을 수차례 만났다고 증언되고 있다.[6] 또한 강용흘은 이미륵에게 자신의 경험을 바탕으로 글을 써볼 것을 권유하기까지 했다고 기록되고 있다.[7] 강용흘의 텍스트는 1933년에 *Das Grasdach*라는 제명으로 독일어로 번

---

5. 이에 대하여 강용흘은 다음과 같이 적고 있다. "미국에 있는 대학에 다닐 때 나는 나 자신에게 가장 가치 있고 사회에 가장 공헌할 수 있는 과학의 특정 분야를 공부할 생각이었다. 그러나 이 분야에서 나는 행복하지 않았으며 실험실 생활이 마음에 들지 않았다. 나에게 위안과 기쁨을 주는 유일한 분야는 문학과 시로 나는 외로운 방에서 읽고 또 읽어 무의식적으로 거의 암기하다시피 하였다. 나는 다른 곳에서는 평화를 찾을 수 없었기 때문에 글을 쓴다는 것은 나에게 강요된 것이었다." Kunitz and Haycraft, *Twenthieth Century Authors*, p.77. 김욱동, 앞의 책, 29쪽에서 재인용.
6. 당시 이미륵과 같이 뮌헨에 있었던 김재원이 이를 증언하고 있다. 김재원, 「이미륵 씨의 생애」, 조선일보 1959년 1월 1, 2, 3, 4일 참조.
7. 위의 기사 참조.

역되었으므로 실제로 이미륵이 읽었을 가능성이 매우 높다.[8]

마지막으로 수용사를 볼 때 두 작품의 또 다른 중요한 공통점을 찾을 수 있다. 즉 두 작품은 외국에서 한국인이 외국어로 발표하여 대성공을 거둔 드문 소설들이라는 점이다. 이후에도 이들만큼 주목을 받은 작품은 그리 많지 않으며 특히 독일의 경우는 아직까지 없다. 『초당』이 갖는 의의에 대하여 김욱동은 미국 문학사에서 — 필리핀계의 미국작가 불로산(Carlos Bulosan)에게까지 영향을 끼친 — 아시아계 미국작가가 쓴 최초의 소설작품이라는 점에서 높이 평가하고 있다.[9] 『초당』과 『압록강은 흐른다』는 문학작품으로뿐만 아니라 문화 소개의 측면에서 긍정적 평을 얻었고 둘 다 10개 국어 이상으로 번역되어 다른 나라에서까지 널리 읽혔다는 점에서도 성공작이라고 할 수 있다.[10]

또 다른 공통점으로 두 작품에 대한 연구사를 간략하게 언급해 볼 수 있다. 두 작품은 아직까지 그다지 활발하게 연구되지 않았다. 이는 모두 — 좁은 의미에서의 — 민족문학의 범주에 속하지 않는다고 생각되었기 때문에 한국문학이나 미국문학이나 독일문학에서 별반 연구되지 않았다.[11] 또한 이는 이민문학 자체의 특성 때문에도 그러하다. 이민문학은 특정 민족문학의 연장이나 일부가 아니라는 특징을 갖고 있다. 다

---

8. 강용흘과 이미륵의 만남을 기록한 이미륵의 친구 김재원은 1933년 5월 13일자 동아일보에 「소설 『초당』 독문으로 읽고」라는 기사를 썼다. 이로 미루어 이미륵도 이 작품을 읽었을 것으로 추정된다.
9. 김욱동, 앞의 책, 109쪽 참조.
10. "텍스트 번역 역시 낯선 문화들과 문화적 차이들을 재현하는 형식의 하나로 이해할 수 있다"라는 바흐만-메딕의 지적처럼 이러한 문화, 문화적 차이, 문화 재현의 문제는 번역의 문제와 긴밀하게 연결되어 있다. Vgl. D. Bachmann-Medick, "Einleitung," D. Bachmann-Medick(Hg.), *Übersetzung als Repräsentation fremder Kulturen*, Göttinger Beiträge zur internationalen Übersetzungsforschung. Bd. 12, Berlin 1997, S.1.
11. 강용흘의 경우 김욱동이 수용사를 정리하고 있다. 김욱동, 앞의 책. 미국의 반응은 3쪽 이하에서 정리되고 한국의 출간 당시의 반응은 특히 이광수와 한흑구를 중심으로 307쪽 이하에서 상술된다.

시 말해서 이민문학 작가들이 출발지 국가에서 작가 활동을 하다가 외국에 가서 고국의 문학을 연장하는 선상에서 창작하는 경우는 드물다. 이들 작품은 그래서 당대의 문학적 계파나 조류, 흐름과는 밀접한 연관성을 지닌 경우가 별로 없다. 때문에 이들 문학은 출발지 문학에서도 분류해 넣기가 쉽지 않으며 또한 목표지 문학에서도 담고 있는 독특한 경험 때문에 대체로 예외적인 현상으로 별도로 다루어졌고 소위 정통 문학비평의 대상이 되지도 못했었다.[12]

그러나 이민문학작품이 늘어나고 수월성이 있는 작품들이 생산되면서 이에 대한 관심이 높아지고 재평가가 이루어지고 있는데 이러한 작업이 성공적으로 지속된다면 이들 문학작품은 한국문학사와 미국문학사, 한국문학사와 독일문학사의 공통분모로 자리를 잡을 수 있을 것이다. 강용흘의 경우 『초당』 작품의 출판과 번역을 계기로 잠시 국내에서 논의가 이루어졌다가,[13] 최근 다시 미국문학 연구가 소수민족 연구 및 아시아권 연구에 관심을 가지면서 아시아계 미국문학의 범주에서 연구되고 있다. 대표적 연구 사례로 일레인 김[14]의 연구나 이기한,[15] 임진희[16]와 김욱동[17]의 연구를 들 수 있다. 이미륵의 경우는 정규화[18]의 연

---

12. Vgl., Şölçün, "Literatur der türkischen Minderheit," C. Chiellino(Hg.), *Interkulturelle Literatur in Deutschland*, Stuttgart 2000, S. 135ff.

13. 이광수, 한흑구, 홍효민이 이에 속한다. 이광수, 「강용흘 씨의 초당」, 동아일보 1931년 12월 10일, 이광수, 『이광수 전집』, 서울 1963, 삼중당, 366-369쪽에 재수록; 한흑구, 「초당 강용흘 씨의 출세 비화」, 『민성』 6:1(1950), 84-85쪽; 홍효민, 「초당을 독하고」, 『신동아』 2권(1931년 12월), 24쪽.

14. See E. H. Kim, "Asian American Literature," *An Introduction to the Writings and their social Context*, Philadelphia 1982, Temple University Press.

15. See J. K. Lee, *The Notion of Self in Korean American Literature, A Dissertation*, University of Connecticut 1990, pp.69-121.

16. 임진희, 「강용흘의 『동양인 서양으로 가다』에 나타난 코리안-아메리칸 드림」, 『논문집』 제3집(1997), 남서울대학교, 427-445쪽 참조.

17. 김욱동, 앞의 책 참조.

18. 정규화. 「이미륵, 영원한 한국인」, 『한국학연구』(1998), 제10집, 179-203쪽; 「이미륵의 문학활동과 휴머니즘」, 『한국학연구』 제11집(1999), 125-152쪽; 「이미륵의 생애

구 이외에는 아직 거론할 만한 심도 있는 연구는 나오고 있지 않다. 이들 작품은 앞으로 다양한 시각에서 좀더 세분화되어 연구가 진행되어야 하고 또한 이 두 작품에 대한 비교분석 역시 보다 활발하게 이루어져야 할 것이다.

2. 대항적 기억

자기와 자기가 속한 집단에 대한 기억이나 해명이 사회문화적 맥락과 동떨어져 별개로 일어날 수 없다는 사실은 명백하다. 강용흘이나 이미륵의 경우 이러한 역사적, 정치적, 사회적 맥락을 당시의 저자의 시대적 상황(이중의 식민지)과 독자들의 한국에 대한 일반적 이해를 고려해서 맥락화시켜 살펴볼 수 있다. 즉 다시 말해서 강용흘과 이미륵이 어떤 상황에서 무슨 동기로 한국문화에 대하여 쓰고자 했는가, 즉 텍스트(text)와 콘텍스트(context)의 관계를 분석하는 것이 작품을 이해하기 위하여 중요하다. 이는 또한 과연 그러면 현재 우리는 이 작품을 어떻게 이해하고 있는가를 생각하게 만들 것이다.

1) 일제의 식민지배와 독립국가로서의 한국

이미 지적했듯이 강용흘과 이미륵의 생애에 충격을 준 중요한 정치 사회적 사건은 무엇보다도 일본제국주의의 침략과 식민지 지배, 구한말의 신구문화 교체 등을 들 수 있다. 일제강점기라는 특별한 시기에 해외에서 글을 썼던 상황 또한 두 작품에 큰 영향을 미쳤다. 지금도 국내외적으로 한국문화를 소개하려는 의도를 가진 텍스트들이 쓰여지고 만들어지고 있지만,[19] 이들 작품들의 배경인 일제강점기라는 시기는

와 문학」, 『이미륵, 압록강은 흐른다』, 서울 2001, 범우사, 411-428쪽.

19. 한국 이미지 문제는 문학, 영화 등 문화계만의 일이 아니고 예를 들어 2005년 프랑크푸르트의 도서전시전에서의 주빈국 행사, 올림픽 전시관, 엑스포 전시관 등에서

이들 작품들이 갖고 있는 특수한 위상을 보여준다. 한국이 일본의 식민지로만 알려져 있던 외국에서 한국을 독자적이고 유구한 문화전통을 지닌 독립국가로 소개하는 것, 또한 서양의 낯선 시각에서 자주 '야만국'의 범주에서 서술되는 한국을 "서양과는 다른," 그러나 마찬가지로 '문화국'으로 소개하는 것,[20] 그리고 그와 반대로 일제의 한국침략은 얼마나 야만적 폭력이었는가를 전달하는 것이 이 두 작품의 주요 관심사이기 때문이다.[21] 때문에 저자들은 한편으로는 설날, 추석, 단오, 칠석 등의 명절이나 혼례, 환갑, 초상, 기양제, 제례의식 등을 묘사해서 한국의 오랜 전통문화와 풍속을 전달하고 다른 한편에서는 일제하에 들어간 한국의 비참한 현실을 묘사하여 일제에 의해 쓰여진, 또한 서구에서 잘못 인식된 한국 이미지를 수정하고자 노력한다.

일본에 대하여 강용흘만큼 비분강개하거나 비판적인 목청을 높이지 않고 조용조용하게 기록하는 미륵도, 예를 들어, 합방 이후 달라진 한국의 상황을 텍스트에서 서술하고 있다. 그는 조선인들이 일본말을 배워야 하고 일본 교과서로 배웠다는 사실뿐만 아니라, 일본제국주의가 한국의 독립역사를 삭제하고 일본에 조공을 바치는 변경 민족 집단으로 한국의 정체성을 강요했다는 점을 적고 있다. 실제로 이러한 역사왜곡은 일본제국주의뿐만 아니라 일본의 관심사를 대변했던 서양인, 특히 한국에 대한 글을 외국에서 출판하는 외국인에게도 자주 볼 수 있는 일이었기 때문에 이에 대한 인식의 제고와 수정은 당대 외국의 한인들

보듯 일반 사회적으로도 중요하다.

20. 한청파가 한국의 조혼 풍습을 잘못 이해하는 서양 사람들에 대하여 맞서는 짧은 구절을 이에 대한 예로 들 수 있다. "이것은 서양 독자들에게는 물론 미개한 풍속처럼 보이나 동양적 시각에서는 다르게 생각되었다. This seems a barbaric custom to a Western reader, no doubt. But the Oriental viewpoint is different." (K 55)

21. 이는 거꾸로 말하면 일제강점기를 벗어난 현재의 시점에서는 한국문화 재현의 관심사가 다를 수 있다는 것이다. 때문에 현재 독자의 입장에서는 강용흘과 이미륵의 주된 관심사에 분명하게 거리를 인식하고 바라보아야 할 것이다.

에게는 중요한 관심사였다. 그러나 미륵은 모든 것에 아직 판단을 명쾌하게 내릴 수 없는 어린 주인공의 시점에서 자신을 거쳐 가는 모든 사건들을 담담하게 관찰하고 기술한다. 이 작품에서 저항적 기억은 조용하게 일어난다. 이미 앞 장들에서 한국의 고유한 전통과 역사가 상술되었고 그 다음 아래에서 보듯 일제의 역사왜곡을 묘사하는데, 이는 논리적 토론이나 격한 열변을 통해서 반박되는 것이 아니라 실제로 일어났었던 사실들("geschehen waren")과 이를 강요하는 억압("해야 한다 müssen") 사이의 대조를 통하여 거리를 두고 화자가 조용하게 설명하고 있다.

> 우리들은 역사를 다르게 배워야 했다. 한국이 독립국이었던 시대에 일어났던 모든 사건들은 삭제되어야 했다. 한국 민족은 독자적인 역사를 갖고 있는 민족으로 간주되지 않고 단지 오래 전부터 일본 왕국에 조공을 바치는 변경의 민족 집단으로 여겨졌기 때문이다.
>
> In Geschichte mußten wir umlernen; alle Ereignisse, die in der Zeit von Koreas Unabhängigkeit geschehen waren, mußten ausgemerzt werden, weil das koreanische Volk nicht mehr als ein Volk, mit einer eigenen Geschichte betrachtet wurde, sondern nur als eine außenstehende Volksgruppe, die seit jeher dem japanischen Reich hätte Tribut zahlen sollen.(L 114-115)[22]

일제강점기에 한국의 전통문학을 소개한다거나 유년시절의 회상을 통하여 한국의 고유문화를 주제로 글을 쓴다는 것은 바로 한국문화의 독립성과 주체성을 알리려는 의지가 담긴, 즉 일본제국주의에 대한 '저항 이야기'로서의 중요성을 가지는 것이다.

2) 타인의 시선: 외국의 여행기와 민족지

『초당』 및 『압록강은 흐른다』와 관련하여 살펴본 중요한 문맥 중의 하

---

22. 본고에서는 Mirok Li, *Der Yalu fließt*, München 1950을 인용하였고 인용 뒤에 바로 괄호 안에 약자 L과 쪽수를 명기하였다.

나는 조선이 문호를 개방하면서부터 집중적으로 많이 쓰여진 외국인들의 한국 여행기나 민족지들이다.[23] 이들은 특정한 목적의식(여행, 탐험, 선교, 무역, 제국주의)에서 주로 한국의 지리, 풍속, 언어, 문화 등에 대하여 유럽(독일, 영국, 프랑스, 러시아)과 미국에서 속속 출판되었다. 특히 1880년대 이후에는 동아시아에 대한 정치적 · 군사적 관심이 증가하면서 한국(조선)에 대한 글들이 많이 쓰여졌는데, 많이 읽힌 대표적 한국 소개서로 독일에서는 오페르트(Ernst Jacob Oppert)의 『금단의 나라 조선』(1890),[24] 미국에서는 그리피스(William E. Griffis)의 『은자의 나라 한국』(1882),[25] 헐버트(Homer B. Hulbert) 목사의 『대한제국멸망사』,[26] 영국에서는 비숍(Isabells B. Bishop)의 『조선과 그 이웃 나라들』[27] 등을 들 수 있다. 그러나 이들이 소개하는 한국은 "황금

---

23. 이 분야에 대한 연구는 최근 들어 활기를 띠기 시작하였다. 가장 대표적인 업적으로 신복룡이 구한말에 집중적으로 나온 한국에 대한 여행기, 민족지들을 지속적으로 번역하는 것을 들 수 있다. 이 번역시리즈는 한말 외국인 시리즈로 집문당 출판사에서 나오고 있다. 제목만 열거하면 하멜의 『하멜표류기』, 뒤 알드의 『조선전』, 오페르트의 『금단의 나라 조선』, 그리피스의 『은자의 나라 한국』, 데니의 『청한론』, 묄렌도르프의 『청한종속론』, 칼스의 『조선풍물지』, 켐프의 『조선의 모습』, 길모어의 『서울풍물지』, 새비지-랜도어의 『고요한 아침의 나라 조선』, 비숍의 『조선과 그 이웃 나라들』, 언더우드의 『상투의 나라』, 헐버트의 『대한제국멸망사』, 알렌의 『조선견문기』, 매켄지의 『대한제국의 비극』, 『한국의 독립운동』, 게일의 『전환기의 조선』, 와그너의 『조선의 모습: 한국의 아동 생활』, 켄달의 『한국 독립운동의 진상』, 샌즈의 『조선비망록』, 드레이크의 『일제시대의 조선 생활상』, 베리만의 『한국의 야생동물지』 등이 있다. 그 외의 대표적인 연구로는 1655년부터 1949년까지의 서양도서들을 서지학적으로 정리한 박대헌의 『서양인이 본 조선: 한국관계 서양서지』, 서울 1996, 호산방; 백성현과 이한우 공저의 『파란 눈에 비친 하얀 조선』, 서울 1999, 새날; 신복룡의 『이방인이 본 조선 다시 읽기』, 서울 2002, 풀빛; 프레데릭 불레스텍스, 『착한 미개인, 동양의 현자』, 서울 2001, 청년사; 조현범의 『문명과 야만. 타자의 시선으로 본 19세기 조선』, 서울 2002, 책세상; 박지향의 『일그러진 근대』, 서울 2003, 푸른 역사가 있다.
24. E.J. 오페르트, 『금단의 나라 조선』, 신복룡 외 역, 서울 2000, 집문당 참조.
25. W.E. 그리피스, 『은자의 나라 한국』, 신복룡 역, 서울 1999, 집문당 참조.
26. H.B. 헐버트, 『대한제국멸망사』, 신복룡 역, 서울 1999, 집문당 참조.
27. I.B. 비숍, 『조선과 그 이웃 나라들』, 신복룡 역, 서울 2000, 집문당 참조.

이 넘쳐나는 나라,"[28] "다민족 혼혈사회,"[29] "뿌리 깊은 남아 선호와 아동 학대의 나라"[30] 등 실제와 거리가 멀거나 혹은 부정적 견해가 많았고 동양 진출의 교두보로서의 서해 오도[31]나 생태계를 연구한 경우[32]처럼 탐험자가 자신과 자기 나라의 관심에 맞추어 한국의 지리나 자연을 조사한 경우도 있었다. 공통점은 이들 타자의 시선으로 본 조선에 대한 기록들 중 한국문화, 특히 정신문화에 대한 심도 있는 분석은 거의 찾아볼 수 없다는 것이다.

특히 구한말과 비교해 볼 때 한국이 주권을 잃고 일본제국주의의 억압하에 있었던 1930년, 40년대에는 한국에 대한 외국인의 관심이 점차 감소하는 시기라 할 수 있으며, 주목할 만한 사실은 바로 이때 외국에서 한국인이 한국을 소개하는 중요한 픽션이 쓰여졌다는 것이다. 강용흘과 이미륵을 동시에 알고 있었던 김재원은 『초당』의 독일어 번역 출판 계기로 한 일간신문에 쓴 서평에서 이러한 책들이 가지는 의의를 정확하게 지적하고 있다.

> 外國에잇는 이로는 누구든지 우리朝鮮이 도모지 놀랄만치西洋에 알리워지지 않는것을 새삼스러히 깨닫게 된다. 몇券의 조선에對한 册이 出版되지 않음은 아니나 이册의 大部分은 서양인의 一種 偏僻한 主觀으로 씨운것이고 더욱히 新義州에서 釜山가는 특급차 안에서 내다 본 朝鮮에 對한 知識으로 조선에 對한 一般的 판단을 나리운것이다. 따라서 우리가 읽으면 讀書 中度에 분함을 이기지 못하게 되는수가 한두번이 아니다. 적어도 멧千年동안의 歷史를 가지고 잇는 一民族은 그의 特有한 生活哲學이 잇고 이에서 나오는 生活樣式이 잇는 것이다. 一, 二일의 時間으로 一民族에 대하야 어떠한 評을 나리운다는것은 어리석음이

28. J.-B.D. 알드, 『조선전』, 이에 대해서는 신복룡, 『이방인이 본 조선 다시 읽기』, 서울 2002, 풀빛, 33쪽 이하 참조.
29. A.H. 새비지-랜도어, 『고요한 아침의 나라 조선』, 서울 1999, 집문당 참조.
30. E.C. 와그너, 『조선의 모습. 한국의 아동 생활』, 신복룡 역, 서울 1999, 집문당 참조.
31. H. 하멜 등, 『하멜표류기, 조선전, 조선 서해 탐사기』, 신복룡 등 역, 서울 1999, 집문당 참조.
32. S. 베리만, 『한국의 야생동물지』, 변영욱 · 신복룡 역, 서울 2000, 집문당 참조.

이예지내는 일이 없을 것이다.

一民族의 內的生活을 그리는데는 무엇보다도 小說이 아니고는 힘들 것이라는 점에서 더욱이 우리는 이런册이 하나라도 나옴을 기뻐하지 않을 수 없다.[33]

즉 『초당』의 의의는 첫째로 알려져 있지 않은 한국을 서양에 소개했다는 것, 둘째로 외국인의 주마간산격의 성급하고도 치우친 "일반적 판단"을 교정하기 위하여 내부자가 한국을 알렸다는 것, 그리고 마지막으로 "일민족의 내적 생활"을 그리기 위하여 소설이라는 픽션의 형식을 선택했다는 것에 있다고 논하고 있다.

이 시기에 논픽션이 아닌 픽션을 선택하여 한국을 알린 대표적인 사례가 바로 프랑스의 서영해, 미국의 강용흘, 독일의 이미륵이다. 따라서 이들의 픽션은 작가의 예술가로서의 창작의지만 앞세운 것이 아니라 한국문화를 소개한다는 목적의식이 분명하였다는 공통점을 갖고 있다.[34] 예를 들어 서민문학에 관심이 높았던 서영해의 『한국역사소설』은 1929년에 프랑스에서 출판되었는데 다음과 같이 "한 민족 전체의 정신을 반영"하는 역사소설을 통하여 "한국인과 한국인들에 대하여 이야기"한다는 목적의식을 분명하게 보여준다.

이것은 극동지역 어떤 나라의 역사소설에 대한 개괄적 소개다. 이 이야기의 독창성은 한 민족 전체의 정신을 반영하기에 더더욱 흥미롭다. 나는 여기서 한국과 한국인들에 관해 이야기하고자 한다. 이제껏 어떤 이야기꾼의 호기심거리도 되지 못했던 한국의 이야기는 42세기가 넘는 역사를 거쳐 농민들의 입에서 입으로 전해져 온 것이다.[35]

때문에 이 시기에 외국에서 나온 한국을 소개하는 텍스트들의 의미

33. 김재원, 앞의 동아일보 글.
34. 서영해, 『한국역사소설』, 1929, 불레스텍스, 앞의 책, 138쪽에서 재인용.
35. 파리에 체류했던 서영해는 이 외에도 1920년대 초에 「한국문명과 한국문학」이라는 글을 발표하고 1934년에는 『우화모음집』을 프랑스에서 출판한다.

는 바로 텍스트 외부의 전반적 맥락을 고려할 때만이 올바로 파악될 수 있을 것이다. 즉 바로 한국에 대한 관심이 사그라질 때, 일본의 식민지로서 한국에 대한 인상이 굳어져 가고 있을 때 이에 수정을 시도한 글들인 것이다.[36] 즉 이들 작품이 지니는 가치는 일본이나 외국의 외부시선에 맞선 내부자의 시각에서 쓴 '대항서사' 라는 점에서 나온다.

3) 자전적 기억

두 작품 모두 이러한 타인의 시선에 맞선 자아상을 전달하는 방식으로 무엇보다도 자전적 소설(autobiographischer Roman)의 형태를 선택했다는 것이 또 다른 공통점이다.[37] 한국문화를 다양한 장르나 글쓰기 형식을 통해 전달할 수 있다고 볼 때 이들이 공통적으로 택한, — 현대까지도 외국과 비교해 볼 때 — 한국문학에 그리 발달하지 않은 자전적 소설의 형식은 많은 점에서 시사적이다.

자서전(Autobiographie)은 작가가 자신의 삶에 대하여 쓰는 글이다. 자서전 장르는 사회사적으로 볼 때에 서구의 '시민 개인(bürgerliches Individuum)'의 형성 및 발전과 밀접한 관련이 있다. 전통이나 공동체와 분리하여 자기 개인에 대하여 진지하게 생각하기 시작한 주체들이 자신을 소재와 주제로 삼아 스스로 써 내려간 형식이라 할 수 있다.[38] 자서전을 쓰는 동기는 다양하다. 16, 17세기의 초기 자서전들이 가족

---

36. 독일에서 나온 안드레 에카르트의 『한국어 문법』(1923), 『한국예술사』(1927) 등은 1920년대에 나온 비교적 드문 전문적인 한국 관련 소개서라 할 수 있다.

37. 두 문학작품 모두 엄밀하게 정의하면 자서전(Autobiographie)이 아니라 자전적 소설(autobiographischer Roman)에 속한다. 강용흘의 경우 주인공의 이름이 한청파로서 작자-화자-주인공의 일치법칙이 지켜지지 않고 있고, 이미륵의 경우도 부분적으로 픽션의 성격이 짙기 때문이다. 그러나 텍스트의 내용이 작가들의 실제 인생사와 전반적으로 일치하기 때문에 자서전으로 간주되거나 자서전의 문제영역에서 자주 다루어진다.

38. 이에 대해서는 vgl. R. Dülmen, *Die Entdeckung des Individuums*, Frankfurt a.M. 2002, S.87ff.

들과 후손들을 위하여 개인 인생을 정리하는 의미에서 쓰여졌다면, 그 다음에는 소수의 사람들, 특히 학자들과 예술가들이 자신을 영원한 존재로 만들고자 하는 의도에서 자서전 장르를 선택하였다. 또 다른 한편 일부의 저자들은 자서전을 통하여 자신이나 특정 사건들을 올바로 해명하고 자기를 정당화하고자 시도하였다. 그 외에도 자신이 경험하고 목격한 시대적 사건이나 흐름을 소개하려 한 시도나 스스로의 자신의 내면심리를 분석하려는 시도도 자서전의 또 다른 중요한 동기라고 논의할 수 있다.

그러나 일단의 자서전들은 단지 특출한 한 개인이나 위대한 한 개인의 개성만을 다루는 것이 아니라 개인과 집단 사이에 존재하는 특수한 변증법을 보여준다. 한 개인의 삶을 통하여 한 사회집단, 혹은 한 민족 집단의 삶을 집단적으로 대변하여 보여주고자 시도하기 때문이다. 자서전의 역사를 살펴보면 사회의 소수그룹이 자의식이 싹트고 사회집단으로 집단정체성을 드러내기 시작할 때 자기들을 주장하고 정당화하기 위하여 이 자서전이라는 장르를 선호하는 경향이 두드러짐을 발견할 수 있다. 성적, 인종적, 종교적, 사회적, 문화적 소수집단들은 초기에는 자전적 소설이나 영화를 통하여 자기들의 삶의 모습(자의식, 정체성, 문화적 차이 등)을 대표적으로 보여주고 그 다름에 픽션을 통하여 다양한 모습을 표현한 경우가 많은 것이다. 이러한 대표성을 고려할 때 이러한 자서전에 나타난 자아상을 "대유적 자아-기획(synekdochische Ich-Entwürfe)" 이라고 할 수 있다.[39]

소수그룹들이 자신을 주장하고 싶을 때 왜 자서전이나 자전적 장르들을 선호하는지에 대한 원인은 여러 가지로 살펴볼 수 있다. 이기한 같은 경우 자서전이나 자전적 소설 같은 논픽션 장르가 주는 사실성에 주목한다.[40] 즉 다시 말해서 문학의 다양한 장르 중 문학 외부의 실제

---

39. Vgl. M. Wagner-Egelhaaf, *Autobiographie*, Stuttgart 2000, S.89ff.

현실에 기반을 가장 많이 두고 픽션과 논픽션의 경계에 서 있는 장르를 택해서 자기주장의 진실성과 개연성을 높인다는 것이다. 이는 허구적 장르들은 거의 제공할 수 없는 것으로서 바로 르죈(Ph. Lejeune)이 말한 바 있는 "지시적 계약(referentieller Pakt)"과 일맥상통한다고 할 수 있다.[41] 즉 이야기 밖의 실제를 가리킨다는 지시적 계약은 문학 장르 중 자서전만이 가지는 특수한 형태의 진실을 보여준다.

다른 한편 이 장르가 지니고 있는 진실성의 문제를 인류학적으로 도덕적 계기와 연결시키기도 한다. 뿔뿔이 흩어진 경험, 체험들을 개인의 회상이라는 하나의 실에 다시 꿰어낼 때 무엇보다도 도덕적, 윤리적 관점이 중요한 역할을 하기 때문이다. 일반적으로 자서전 장르는 "종교적인 것이든 사회적인 것이든 간에 정신의 공동체에 대한 회고적 내지는 예언적인 호소"를 담고 있기 때문에 도덕적 전통과 밀접하게 관련되어 있다고 이해된다.[42] 이러한 장르의 특징이라 할 진실에 대한 약속은 특히 집단적 개인의 삶을 묘사할 때 더 호소력이 커진다.

또한 이러한 도덕성은 이러한 소수집단이 억압받거나 배제되었을 때 더욱 강력한 효과를 낸다. 어떤 소수집단들이 자신에 대한 공공의 담론에서 소외되었을 때 그럼에도 불구하고 자신을 표현하고 변호하고자 할 때 바로 자서전 장르를 선호한다. 이때 자서전이 갖는 고유한 도덕적 특성은 상대적 특성에서 나온다. 바로 자신의 이야기인데도 사회의 다수가 자신을 소외시키고 만들어 낸 지배서사에 대한 저항의 의미를 갖는 것이다. 이러한 외부에서의 자기에 대한 타자규정을 수정하고자 할 때 작가들은 집단적 침묵과 고립에서 벗어나고 글을 쓰면서 자신의 정체성을 구성해 낸다. 그들은 이러한 글쓰기 작업을 통하여 자신

---

40. See J.K. Lee, *op. cit.*, p.79.
41. Ph. Lejeune, "Der autobiographische Pakt," G. Niggl(Hg.), *Die Autobiographie*, Darmstadt 1998, S.244ff.
42. M. J. 피셔, 앞의 글 322쪽 이하 참조.

의 과거와 현재를 쓰면서 미래의 비전을 제시한다.

글을 쓰면서 자기의 정체성을 해명하고 구성한다는 목적은 강용흘이나 이미륵에게도 분명하고 일차적으로는 개인적인 것이다. 그러나 이들의 글이 다른 자서전이나 자전적 글들과 다른 점은 바로 작가들이 집단 정체성을 구성해 내고 이를 대변하고자 시도했음을 분명하게 의식하고 있었다는 데 있다. 이는 "한 민족 전체의 정신"을 반영하려는 서영해나 한용운의 시를 인용하며 "한 민족 전체"를 강조하는 강용흘이나 "동양인의 정신세계"를 제시하려는 이미륵이나 모두 공통적이다.[43]

3. 선택적 기억

한국문화는 긴 역사 속에서 다양한 문화들의 교류 속에서 복합적으로 또한 중층적으로 형성된 문화이고 또한 형성되고 있는 문화이다. 과연 이 두 작가가 그들이 처한 시대적 · 사회적 · 정치적 상황에서 무엇을 한국문화를 대표하는 것으로 선택해서 또한 그것을 어떻게 재현했는가는 매우 흥미로운 주제이다. 이러한 문화 재현의 문제는 과거의 관심사만은 아니고 앞으로 국내외적으로 한국의 이미지를 형성해야 할 때에 여전히 숙고해야 하는 문제이기도 하다.

1) 유교문화

문화 재현의 문제를 다룰 때 분명하게 확인해 두고 가야 할 점은 자주 등장하는 대표적인 문화(재현)가 있음을 부인하는 것은 아니지만 이것 또한 가변적이고 상대적인 것이며 각 시대마다 독자마다 이를 비추어 보는 시각에 따라 변한다는 사실이다.[44] 때문에 여기에서는 강용흘이

43. K 344쪽 이하 참조.
44. 예를 들어 마이클 브린 같은 경우 『한국인들』에서 한국을 연상시키는 단어들로 분단, 폭력, 폭도들, 경찰, 군대, 전쟁, 부패, 올림픽, 월드컵, 매쉬, 자동차, 배, 컴퓨터

나 이미륵의 텍스트가 외부 관찰자보다 내부자에 의하여 쓰여진 한국 문화라고 해서 더 정확하고 더 본질에 가까운 사실을 전달한다고 주장하기보다는 이 역시 앞에서 살펴본 바와 같이 특정 시기에 특정 맥락에서 형성된(예를 들어 잘못 인식되고 있었던 한국관을 특정 방향에서 수정하려는 목적에서 쓰여진) 재현된 문화로 간주할 것이다. 이때 관심의 초점은 정확성이나 진실성의 논의보다는 작가들이 각각의 상황에서 무엇을 한국문화의 내용으로, 구성요소로 썼는가와 이에 못지않게 중요한 것이 어떠한 관점에서 한국의 문화를 어떤 방식으로 재현하는가이다.[45]

20세기 초에 해외에서 처음으로 쓰여진 초기 한인이주문학만 놓고 보더라도 프랑스의 서영해는 서민문학을 "유일한 국민문학"으로 소개하여 민중주의 관점에서 한국의 "42세기의 역사"를 거쳐 온 이야기를 소개하고 있다.[46] 이와 달리 강용흘이나 이미륵의 텍스트에서는 유교를 중심으로 한 고급 고전(classic) 문화를 소개하고 있다. 이들이 한국 문화를 소개하는 근간은 유교의 선비문화에 있고 여기에 불교와 도교가 덧붙여지고 있고 주로 대가족제도라는 배경하에서 서술하고 있다. 그러나 이를 결코 보편적 혹은 본질적인 한국문화라고 보아서는 안 될 것이다.[47] 유교 이상만 놓고 보더라도 당시의 사회계층 간의 갈등 담론

칩, 경제위기 등을 들고 있고, 한국인의 이미지도 공산주의자, 기아(飢餓), 개고기 식습관, 축구, 자동차, 섹스 산업 등을 들면서 "한국에 대하여 알려진 것은 많지 않고 알려진 것도 압도적으로 부정적이다"라고 서술하고 있다. See M. Breen, *The Koreans*, New York 2004, Sant Martin's Press, pp.16-18.

45. 예를 들어 Souessi는 내재적 분석에 기초하여 텍스트에 나타난 한국문화를 도교, 유교, 불교 등의 요소들로 재구성하였다. Vgl. K. El Souessi, *Kulturbegegnung/Kulturkonflikt-Das Leben und das deutsch sprachige Werk des Koreaners Mirok Li*, Magisterarbeit an der Universität München, 1995.

46. 서영해, 앞의 글 참조.

47. 내부자 시각에서 쓰여진 문화지나 문학들도 마찬가지로 전형화, 보편화의 위험성은 항상 안고 있다. 예를 들어 타고르가 벵갈리어로 쓰여진 자신의 시 『기탄잘리』를 직접 영어로 번역하면서 서구가 동양을 보는 이미지에 맞추어 시를 변형시켰다는 것

이나 현대화 담론에서 보면 다양한 평가를 내릴 수 있다. 구한말의 유교에 대한 다양한 담론이나 외국에서 유교를 보는 시각에서 볼 때, 혹은 현대의 젠더담론 등을 고려할 때 유교를 꼭 한국의 대표문화로 볼 수도 없고 긍정적인 평가만 할 수도 없기 때문이다.

이러한 다양한 평가를 차치하고서라도 이 작품을 읽는 독자들이 서 있는 현대에는 적어도 당시와 같은 유효성이나 대표성을 더 이상 주장하기 어렵다. 때문에 『초당』이나 『압록강은 흐른다』에서 보여지는 "박사(doctor)"나 "군자/현인(ein weiser Mann)"이 되고자 하는 주인공의 열망이나 유교도덕의 시각에서 당대 한국문화를 재현한 것은 결코 자명한 사실이 아니고 저자들이 선택한 기억이라고 할 수 있다.

2) 지식층 이민문학

이렇듯 유교문화 혹은 정신문화를 통하여 한국을 재현하는 것은 자주 반복되는 현상이기도 하지만 초기 아시아계 미국이민문학의 특징이기도 하다. 이와 관련해 최근의 이민문학 연구는 흥미로운 연구 성과를

이 비판을 받고 있다. 즉 서구에서 동양을 보는 전형적 이미지들인 '동방의 등불'이나 동양의 신비주의자, 예언자적 상에 부합하도록 원래 시가 가지고 있던 문체, 이미지, 어휘, 분위기들을 바꾸었다는 것이다. Vgl. M. Sengupta, "Translation, colonialism and poetics. Rabindranath Tagore in two worlds," S. Bassnett and A. Lefevere(ed.), *Translation, history, and culture*, London 1995, pp.57ff. 참조. 동일한 맥락에서 카릴은 독일에서 활동하는 터키 출신의 여류작가들이 서양이 동방의 여성에게 가지고 있는 줄리이카이즘을 스스로 재생산하는 것을 강력하게 비판하고 있다. 왜 하필 동양이 동양적 가치라는 스스로의 정체성과 가치를 찾는 와중에서도 수많은 정체성을 이루는 요소들 중 주로 종교적 · 정신적 가치를 통한, 즉 서양이 아시아를 보던 시각을 여전히 견지하느냐는 비판은 깊이 성찰해 볼만한 가치가 있다. I. Khalil, "Orient-Okzident-Stereotype im Werk arabischer Autoren," M. Howard(Hg.), *Interkulturelle Konfigurationen zur deutschsprachigen Erzählliteratur von Autoren nichtdeutscher Herkunft*, München 1997, S.77-94. 이는 특히 강용흘이나 이미륵과 관련해서는 '수용'과 관련해서 대단히 중요한 관점이다. 왜냐하면 일제강점기 당시의 현실에서 한국문화를 유교의 정신문화나 미학에 기반을 두고 재현하는 것이 나름대로의 당위성과 필요성이 있었다면 현재의 우리가 그렇게 보는 것은 자기오리엔탈리즘의 위험을 안고 있기 때문이다.

보여준다.[48] 예를 들어 잉(Xiao-Huang Yin)은 저서 『1850년대 이후의 중국계 미국문학(*Chinese American Literature since the 1850s*)』(2000)에서 중국계 미국문학의 약 150여 년의 역사를 사회사적으로 분류하고 있다.[49] 초기 이민자들은 대체로 단순노동자였으며 미국 서부에 금이 발견되면서부터 특히 이로 인한 서부개척시대가 열리면서 금광노동자나 철도노동자로 대규모로 미국으로 집단으로 이주를 하게 된다. 이들은 경제적 고통을 받았을 뿐만 아니라 미국인들의 중국인에 대한 무지와 인식 부족에 부딪혀서 인종차별까지 포함한 사회적 · 문화적 고통을 극심하게 겪은 세대였다. 무엇보다도 언어장애가 가장 큰 어려움으로 부각되었다.[50] 이들이 쓴 글은 대개 중국어로 쓰여졌으며 같은 이주노동자나 본토의 중국인이 독자로 상정되었다.

다음 세대로는 중국에서 이미 고등교육을 받아 교양을 쌓은 지식인 세대들이 비록 소수지만 미국으로 이주하게 된다.[51] 잉의 분석에 따르면 두 번째 세대의 이민문학에서 주목할 만한 점은 첫 세대와의 차이이다. 이전 세대들이 중국어로 그들의 애환과 시련, 언어장벽, 이방인으로 느끼는 고통과 차별, 그리고 실패로 끝난 미국의 꿈(American Dream)을 이야기하고 있다면,[52] 다음 세대의 이민문학은 영어로 쓰여

48. 최근 들어 우리나라에서도 이민문학에 대한 관심이 높아지고 있는데 이론 연구와 작품연구를 병행하여 시리즈로 결과물을 출판하는 조규익, 『해방전 재미한인 이민문학』, 서울 1999나 2002년 한국문학번역원 주최로 서울에서 열렸던 서울 심포지움의 제 3분과 행사 〈문화의 정체성과 보편성〉 등을 예로 들 수 있다.

49. See X.-H. Yin, *Chinese American Literature since the 1850s*, 2000, University of Illinois Press.

50. 이러한 점은 독일에 대규모로 이주한 터키계 이민문학에서도 마찬가지이다. 초기 이민문학들은 어떤 언어로 쓰여졌던 간에 집단적 정체성에 대한 욕구가 공통점이며 모국어로 쓴 문학의 주요내용은 부정적 독일상과 이에 맞서는 순수한 아시아이며 주로 훼손되지 않은 자연을 통하여 묘사되고 있다. Vgl. S. Şölçün, a.a.O., S.136ff.

51. 20세기 초에 이미 미국에는 7,000여 명의 한국계 이주민 상인, 단순노동자 등으로 건너가 있었다. 시간이 지나면서 미국에서의 한국 이주민 수는 다른 아시아 이주민들과 같이 제한을 받게 되었으며 1924년 '이민금지법'이 발표되면서 중단되었다.

지고 그럼으로써 미국인을 일차적인 독자로 고려한다. 이들은 대체로 정부의 후원으로 미국으로 유학을 온 경우가 많았고 이전 세대만큼 고난을 겪거나 차별을 받지는 않았다.[53] 이 지식인 그룹은 당시 미국인들이 중국인 이민자들에 대해 갖고 있는 선입견과 부정적 이미지 및 전반적인 무지에 직면해서 미국인들에게 중국문화의 유구하고 풍성한 전통과 이상화된 중국상을 전달하여 그들 사회의 이해를 받고 받아들여지기 위하여 글을 썼다.[54]

이러한 맥락에서 문화를 소개한 텍스트의 유명한 예로 리 얀 푸(Yan Phou Lee)의 『내가 중국의 어린 소년이었을 때(*When I was a boy in China*)』(1887)를 들 수 있다. 이 논픽션 텍스트에서 저자는 중국의 문화를 10장으로 나누어서 간결한 문체로 소개하고 있으며 사진도 덧붙여 이해를 돕고 있다. 미국에서 이 텍스트는 널리 읽혔고 자국의 문화를 소개하는 다수의 아류작을 탄생시켰다.[55]

그 중의 하나가 바로 한국계의 유일한(*New Il-Han*)이 쓴 『내가 한국의 어린 소년이었을 때(*When I was a boy in Korea*)』(1928)이다.[56] 이

52. 실제로 이러한 선입견은 20세기 초부터 아시아계 이민을 제한하고 결국은 1924년에 도대체 아시아인들이 미국시민이 될 수 있는가라는 인종차별적 시각을 담은 부정적 견해에서 "이민금지법(Immigration Exclusion Act)"이 발표되게 만든 실제적이고 강력한 편견이었다.

53. 이러한 당대 미국의 사정은 강용흘의 텍스트에서도 반영되고 있다. 한청파의 스승인 박수산은 미국 이야기를 하면서 가능한 한 많은 사람들이 미국에서 교육을 받을 것을 주장했는데 이는 한중일 아시아권에서 한국만이 그렇지 못했기 때문이기도 하다. "가능한 많은 사람이 받도록 한 미국에서의 교육은 그가 늘 주장하던 필수요건이었다. 일본은 그곳에 관비유학생들을 보냈다. 중국 역시 그랬다. 오직 한국만이 거기에 할당을 받지 못했다. 나라가 새로운 길을 열기 전에 국권을 약탈당했기 때문이다. 그렇다, 지금 한국은 보수주의 때문에 벌을 받고 있다. 누구든 가능하다면 미국으로 가야 한다. 또는 수단이 있는 애국적인 개인 시민의 도움을 얻어서 누구라도 가야 한다. 미국의 큰 대학에 얼마나 매력을 느꼈던가." (K 173)

54. See X.-H. Yin, *op. cit.*, p.55.

55. See Y. Ph. Lee, *When I was a boy in China*, Boston 1887, Lothrop.

56. 그는 성까지도 뉴(New)로 바꾸어 새로운 문물을 받아들이겠다는 각오를 보여주고 있다. See I.-H. New, *When I was a boy in Korea*, Boston 1928, Lothrop.

책은 미국에서 영어로 쓰여져 출판된, 한국인이 미국인에게 한국을 소개한 거의 최초의 책으로서 인정받고 있다.[57] 이 논픽션 한국 소개서는 총 11장으로 구성되어 있고 서당, 굿, 불공드리기, 명절놀이, 양잠, 가정, 음식, 출생, 작명, 결혼이야기 등의 주제로 주로 1900년대의 한국의 사회상을 보여주고 있다.

이러한 연구들과 결부시켜 볼 때 강용흘과 이미륵의 텍스트들은 리얀 푸나 유일한과 마찬가지로 서양독자들에게 오랜 전통과 문화를 소개하여 한국을 아시아의 한 독립국가로 소개하고자 하지만 이들과의 차이는 논픽션이 아니라 픽션인 소설 형식을 통하여 삶을 총체적이며 보다 깊이 있게 보여주려 시도한 데에 있다고 말할 수 있다.

잉 이외에 이민문학을 체계적으로 분류한 연구로는 이기한의 박사학위논문을 들 수 있다.[58] 이미 잉 이전에 이기한도 한국계 이민문학을 사회사를 중심으로 분석하고 있다. 한국 이민사회에서도 초기 노동자 이주민들은 이렇다 할 문학작품을 생산해 내지 못했으며 그 다음에 미국으로 건너온 지식층 작가들이 글을 통하여 한국과 미국 간의 문화적 골을 메우려 시도했다. 이기한은 한국계 미국인의 작품을 자아의식에 따라 다음과 같이 세 시기로 단계별로 구분하고 있다. 첫 번째 시기의 문학(1920~1950)이 대체적으로 조국의 이야기나 조국에 대한 향수와 애국심의 발로로 나온 "집단적 자아(collective self)"를 다룬다면, 두 번째 전후시기(1950~현재)의 작가들은 "보편적 자아(universal self)"를 다루며, 마지막으로 그룹으로 그 다음 세대 작가들과 "경계적 자아"를 다룬다. 이에 따르면 강용흘이나 이미륵의 작품은 집단적 자아를 다루는 제1기에 속하는 작품들로 분류할 수 있다. 따라서 두 작가의 작품을 이러한 맥락에서 고찰하여야 할 것이다.

---

57. 김욱동의 최근 출판된 그의 책에서 정한경이 1921년 이보다 먼저 『한국의 사정』이라는 책을 출판했다고 밝히고 있다. 김욱동, 앞의 책, 4쪽.

58. See J.K. Lee, *op. cit.*, pp.19ff.

4. 양 문화적 기억

이들 작품이 보여주는 또 다른, 중요한 공통점으로 지적할 수 있는 것이 '양 문화적(bi-kulturell)' 시각이다. 울리히 벡(U. Beck)은 현대 세계를 구성하는 현대성의 중요한 특징 중 하나를 "이동성(Beweglichkeit)"이라고 지적한다.[59] 이제는 더 이상 한국에 사는 한국인만의 문화가 한국문화인 것이 아니며 한국인들이 세계 각국으로 이동하고 이주하면서 새로이 형성하는 혼종문화나, 현재의 지구화 시대에 외국문화가 국경 없이 유입되는 현재의 시점에서 한국 안에서 이루어지는 문화의 혼합을 생각해 보면 이제 우리는 '민족'이나 '민족문화'를 보다 큰 맥락에서 새롭게 바라보아야 할 것이다. '민족'이 19세기 이후에 구성된 개념이라는 인식이 타당하고, 제국주의나 (포스트)식민주의에서 혹은 젠더 연구의 관점에서 남성중심주의 개념이라고 비판하는 것이 타당한 것처럼 우리의 민족문화 개념이나 한국문화 개념도 순수성이나 본질적 존재라고 주장하는 것은 이제 고수하기가 어렵다.[60] 이전과는 비교할 수 없을 정도로 또한 다양한 방식으로 다른 문화와의 접촉이 국내외로 증가하는 시대에 이제 민족문화의 개념을 혼성적이나 혼종적(hybrid) 또한 상호문화적(interkulturell) 관점에서 바라보는 것이 필요하다.

이민문학은 이 같은 관점에서 시사하는 바가 크다. 그러나 최근까지의 한국의 이민문학 연구나 한국인 디아스포라 연구는 주로 민족주의

---

59. U. 벡 & E. 벡-게른샤임, 『사랑은 지독한 그러나 너무나 정상적인 혼란』, 강수영 외 역, 서울 1999, 새물결, 30쪽. 벡은 이러한 이동성을 일차적으로 자본주의의 노동시장이 개인에게 가하는 압력으로 보고 있지만 동시에 개방성과 성찰성의 증대라는 긍정적인 면도 보고 있다.
60. 이에 관해서는 특히 김영옥 편, 『근대, 여성이 가지 않은 길』, 서울 2001, 또하나의문화에 수록된 우미성의 글, 「근대, 동양여성이 가지 않은 길」, 김영옥의 「소수집단문학으로서의 여성문학과 그 정치학」 참조.

적 관점이 주류를 이루어 외국에서도 한민족의 정체성을 다시 확인하는 데 집중되어 있었다. 그러나 이제는 시각을 달리하여 이들 문학이 가진 혼종적, 양 문화적 특징에 관심을 가져야 한다. 이민문학의 독특한 특징은 바로 출발지 문화와 목표지 문화를 둘 다 경험한 저자의 양 문화적 시각에 있다고 할 수 있다. 다른 문화와 섞인 자기의 문화를 보고 자기의 문화와 섞인 다른 문화를 보여준다는 것, 그럼으로써 계속 새롭게 형성되는 새로운 문화를 본다는 것, 또한 낯선 시각을 통하여 두 민족문화 모두에 이제까지 자명했던 것을 더 이상 자명한 것으로 보지 않게 되는 새로운 인식을 가져다주고 그럼으로써 결과적으로 양국의 문화와 문화를 보는 시각을 풍성하게 만들어 준다는 점은 이민문학이 갖는 최대의 장점이라 할 수 있을 것이다.

본 글의 고찰대상인 『초당』과 『압록강은 흐른다』 이외에도 강용흘과 이미륵은 각기 『동양인 서양에 가다(*East goes West*)』와 『그래도 압록강은 흐른다(*Vom Yalu bis zur Isar*)』를 집필하였다. 각기 전자의 작품들은 주로 주인공들이 외국에 도착하기까지 모국에서의 시기를 대상으로 유년시절을 회상하면서 한국문화를 소개했고, 후기의 작품은 각기 외국에서 그 나라에의 적응과 동화의 문제를 주요내용으로 다루고 있다. 때문에 전자는 자주 한국 이미지와 관련하여, 후자는 문화 충돌이나 갈등의 관점에서 연구되고 있다.[61] 즉 후자의 작품들과 달리 전자의 작품들에서 작가는 한국문화를 주로 주제로 다루었기 때문에 상호문화적 성격은 큰 관심의 대상이 아니었다.

그러나 이들 두 작품 『초당』과 『압록강은 흐른다』에서도 역시 양 문화적 성격이 작품의 밑바탕에 깔려 있으며 이는 저자들이 이미 두 문화를 알고 있고 낯선 문화를 수용하는 데에만 그치지 않고 독자인 외국인

---

61. 정규화에 의하면 이미륵은 『압록강은 흐른다』의 2부(독일에서 느낀 문화갈등)와 3부(독일문화에의 동화)를 썼지만 소실되었다고 한다. 정규화, 「이미륵의 생애와 문학」, 앞의 글, 412쪽 참조.

들의 시각을 고려해 글을 쓴다는 데에서도 잘 드러난다. 두 작품 모두 외국(미국, 독일)에서, 외국어(영어, 독일어)로, 외국독자들을 대상으로 쓰여졌다는 것은 두 문화의 시각 모두에 의해 걸러지고 있음을 뜻한다. 때문에 이 작품들은 한국문화를 소개하는 목적을 지니고 있다고 하더라도 양 문화적 글쓰기일 수밖에 없다.[62] 이들의 양 문화적이고 혼종적 성격을 분석하는 것이 또한 이 글의 중요한 지향점이다.

양 문화적 성격은 우선 문화 비교를 주제화하고 있는 텍스트 층위 자체에서 찾아볼 수 있다. 저자들은 낯선 문화들을 접하고 대결하면서 이 거울들에 자기를 비추어 보고 자기 거울에 비추어진 남의 모습을 보면서 한국문화의 자화상을 그려낸다. 이들이 한국의 문화를 그려낼 수 있었던 것은 바로 이를 비추어 볼 수 있었던 "두 개의 초점을 가진 거울"이 있었기 때문이다.[63] 즉 '나'의 문화는 바로 '남'의 거울에 비추어 볼 때 모습이 인식되고 '남'의 모습은 '나'의 거울에 비추어 모습을 내보인다. 이렇게 문화의 정체성은 홀로 만들어지는 것이 아니고 끊임없이 타자와의 접촉을 통하여 이를 수용하고 배제하며 융합하는 가운데 새로이 생성되고 있는 것이며 또한 타자와의 공통점과 차이를 토대로 인식되는 것이다.

이 점이 바로 강용흘과 이미륵의 텍스트에서 명백히 드러나고 있다. 작가에게 이러한 주제가 중요하게 부각된 것은 무엇보다도 당대의 한국문화가 격동의 변혁기에 놓여 있었기 때문이다. 구한말, 조선이 그때까지의 쇄국정책을 포기한 후 말 그대로 물밀듯이 쳐들어오는 외래문화의 홍수 속에서 타 문화와 충돌하고 섞이며 밀어내는 가운데 자신을 다시 돌아보고 자신을 지키고자 하는 노력을 하게 되는 과정이 바로 두

62. 이러한 의미에서 조규익은 이민문학의 배경이 되는 두 장소가 "단순히 물리적 공간이라기보다는 체험의 전이와 대조를 통하여 자신들의 정체성을 확립해 갈 수 있었던 가치지향적 공간"이라고 지적한다. 조규익, 「해방전 미주지역 한인 이민문학의 국문학적 의미」, 『국어국문학』 제122집(1998), 283쪽.

63. M.J. 피셔, 앞의 글, 324쪽.

작품의 주요내용을 이룬다. 다른 한편, 작품에는 당대 한국의 서양관과 일본관이 많이 다루어진다. 이는 서양의 현실에 대한 담론이라기보다는 구한말 한국에서 벌어진 서양담론이다. 즉 일본제국주의하에서 식민지 근대화라는 틀로 굴절된 서양관이다. 폰타나(Josep Fontana)는 그의 책 『거울에 비친 유럽』에서 스스로를 타자를 구분하기 위하여 유럽인이 "유럽"과 "유럽인"이라는 집단적 정체성을 발명해 냈고 더욱더 놀라운 것은 타자들로 하여금 이러한 상을 받아들이게 하는 데 "성공"했다고 기술한다.[64] 그러나 당시 한국에서 생산된 포괄적 서양관과 유럽관은 당대 한국의 특수한 맥락에서 생산된 것이다. 오랫동안 쇄국정책하에 있었던 한국이 신문물로 정비하여 침략해 온, 새롭고 강한 일본에 굴복하고 그 배후의 힘이 서양이라고 인식했을 때 서양은 전반적으로 하나의 통일된 세계로 표상되고 더 '선진적인' 세계로 재현된다. 특히 강용흘의 경우에는 서양을 일본에 맞선 저항세력으로서, 즉 한국의 독립을 다시 얻기 위한 길을 제시하는 나라로 관심을 갖게 된다. 이러한 지대한 관심 때문에 강용흘과 이미륵은 작품 속에서 서양을 개념 구별 없이 문화국 혹은 문명국으로 묘사한다. 그러나 작품이 진행될수록 강용흘은 서양문물의 실상을 경험하고 이에 실망하고 비판을 하게 되며 이미륵은 새로 얻게 된 인식을 직접적으로 서술하기보다는 침묵하면서 대신 현실과 거리가 먼 이상적 모습을 강조하여 그 괴리를 통하여 생략된 현실(비판)을 추측하게 만든다. 작가들의 두 작품에 이은 속편인 『동양인 서양에 가다』와 『그래도 압록강은 흐른다』에서는 더 이상 동양의 타자로서의 신비롭고 환상적인 서양관은 유지되지 않고 있거

64. 폰타나는 다음과 같이 기술한다. "[…]우리 유럽인들이 저지른 해석상의 오류의 일부는 '다른 사람들'에 대한 잘못된 상들로부터 유래하는데, 놀랍게도 우리는 이러한 타인들 스스로 이러한 상을 받아들이게 하는 데 성공했다. 인종과 문화의 차이에 비추어 유럽인이라는 개념을 만들어 내기 위해 우리는 아시아인, 아프리카인 그리고 미국인을 '발명'해 냈으며 이들이 갖고 있지도 않은 집단적 동질성을 부여했다." J. 폰타나, 『거울에 비친 유럽』, 김원중 역, 서울 2000, 새물결, 247쪽.

나 뚜렷이 약화된다. 이러한 이중시각들을 분석하는 것이 또한 본 글의 주요관심이다.[65]

또한 화자와 독자 간의 의사소통 차원에 있어서도 양 문화적 시각은 두드러진다. 『초당』과 『압록강은 흐른다』를 대상으로 이제까지 나온 소수의 연구들은 주로 한국문화를 무엇을 통해서 묘사했는가에 관심을 두었지 외국의 독자를 대상으로 한국을 어떻게 서술하고 어떤 서사전략을 택해 서술하는가에는 별반 관심을 두지 않았다. 문학작품에서 내용과 형식이 밀접하게 연결되어 있다는 자명한 전제 때문만이 아니더라도 작가들이 자신들의 혼종적 체험을 바탕으로 독자를 고려하면서 어떤 글쓰기를 택했는가는 실제 텍스트의 성격과 방향에 큰 영향을 주고 있다. 때문에 이 글에서는 이제까지 주목을 많이 받지 못했던 이러한 양 문화적 시각을 보여주는 구성 부분들에도 초점을 맞출 것이다. 이는 내용이나 형식에 있어서 표 나게 동서양문화를 혼합하는 서사전략을 택하고 있는 강용흘에게서만이 아니라 오롯이 순수 한국문화만을 재현하고 있다고 인정받아 온 이미륵의 작품에 있어서도 마찬가지이다. 이미륵의 텍스트에서도 이미 많은 당시의 맥락들이 교차하고 있으며 저자가 당대 독일의 독자를 고려하는 글쓰기를 하고 있다는 점은 분명하다.[66]

양 문화적 글쓰기의 양상은 저자들이 자신이 떠나온 한국과 느끼는 동일시의 정도와 목표지의 주류문화에 대한 동화 정도에 따라서 상이하다. 예를 들어 한국을 떠날 당시 강용흘과 이미륵, 두 작가 모두 우선적으로 이민을 떠난 것이 아니라 유학 내지는 망명을 간 것이고 일시적

65. 그 외에도 강용흘의 경우 구한말의 일본제국주의와 서양 이외에도 일본, 중국과 러시아에 대한 서술이 있으며 이미륵의 경우에는 유럽 여행 중 본 다른 나라들(중국, 베트남, 아프리카, 프랑스 등)도 묘사되고 있다. 이런 타 문화와의 접촉 가운데 한국문화가 비추어지고 또한 거꾸로 한국문화의 관점에서 다른 문화들을 비추어 본다.
66. 이러한 점들은 IV. 1. 2)와 V. 1. 2)에서 주로 분석될 것이다.

체류라고 생각했으나—강용흘은 실제 한국에 귀국해서 일하기도 했지만—결국은 모두 미국과 독일에서 정착해서 살게 된다. 특히 강용흘의 경우 의식적이며 적극적으로 미국의 주류문화에 동화하려는 노력을 경주하며 후일에 미국의 여류시인 프랜시스 킬리(Frances Keely)와 결혼한다. 이미륵의 경우 결국은 고국에 다시 돌아오지 못하고 독일에서 사망했으며 독일에 적극적으로 동화되기보다는—상대적으로—계속 한국적 정체성을 더 강하게 느끼고 있었다. 이러한 차이는 두 작가의 한국문화를 보는 시선의 차이와 글쓰기의 차이를 낳은 요인이기도 하다.[67]

또한 현대의 독자가 갖는 시선을 분석하는 것도 역시 중요하다. 이 소설들이 외국에서 성공한 데에 기여한 것은 문학적 질뿐만이 아니라 상당부분 묘사된 내용이 가져다주는 이국성 및 낯설음에도 기인한다. 이러한 다른 문화에서 오는 차이는 당대의 외국 독자들만이 느낀 것이 아니라 현재의 한국 독자들도 느끼게 된다. 이는 한편으로는 낯선 거울을 통하여 나를 보는 데서 나온다고 할 수 있다. 다른 한편으로 이는 시간적 차이에서 오는 낯설음이라고 규정할 수 있다. 이 차이는 더 정확하게 이야기하면 대상을 상실하여 이제는 더 이상 자기 것으로 갖고 있지 않으면서 그러나 그 대상에 대한 애착을 끊을 수 없는 '멜랑콜리'라고 지칭해야 할 것이다. 작품에 서술된 내용들은 작품이 발표된 당시의 한국 독자들이 읽었더라면 사실로 읽혔을 수도 있었을 이야기들이다. 때문에 글을 읽는 독자들의 입장에서는 동일성의 확인뿐 아니라 이 상실의 거리를 정확히 측정해서 논해야 할 것이다.

---

67. 무엇을 소개했는가에 못지않게 중요한 것은 이를 어떠한 시각에서 재현했는가이다. 여기에서는 이러한 텍스트 맥락을 고려하면서 저자가 한국문화를 어떤 시각에서 묘사하는가를 살펴보며 이러한 문화가 한국어로 다시 번역되었을 때 한국인의 눈에 어떻게 받아들여졌는가도 분석할 것이다. 후자 또한 매우 중요한 점인데 당대의 맥락에서 생산된 텍스트를 과연 다른 역사적 · 사회적 맥락을 갖고 있는 오늘날의 독자가 어떤 맥락에서 읽어내는가는 작품내용 해석과 긴밀한 관계에 있다.

5. '능변의 글쓰기'와 '생략의 글쓰기'

강용흘의 텍스트나 이미륵의 텍스트는 앞서 언급한 것처럼 많은 공통점을 지닌 텍스트들이다. 앞으로의 분석에서는 때로는 이들의 공통점에, 때로는 이들의 차이점에 주목하면서 이들이 한국문화를 어떻게 소개했는가를 직물의 씨실과 날실처럼 짜 나갈 것이다. 특히 이미륵의 경우 작품을 강용흘과 비교해 가면서 해석하는 데 중점을 두고 같은 사건을 어떻게 서술하는가를 비교할 것이다.

본 글에서는 강용흘 텍스트의 특징을 이러한 글쓰기 전략을 여기에서는 '능변의(eloquent)' 글쓰기와 '생략의(elliptic)' 글쓰기로 지칭하기로 하겠다.[68] 이 두 원칙은 작품 전체를 관통하며 두 작품을 표 나게 구별짓고 있다.[69] 강용흘의 글쓰기를 혼합과 솔직함이라는 특징을 가지고 서술할 수 있다면, 이미륵의 텍스트는 이와 대조적으로 거르기와 자제라고 할 수 있다. 이때 솔직함이나 자제함은 윤리적 카테고리로 이해하는 것이 아니고 두 작가가 스스로 글을 쓸 때 밝히다시피[70] 이들의 서술전략을 말하는 것이다.[71] 강용흘이 자신의 과거를 루소처럼 감추지 않고 모두 다 털어놓으면서 동서양의 고전들을 인용하여 자신의 진

---

68. 실제로 『초당』의 텍스트에서 청파의 모델이 된 삼촌이 가을 시제에 자작시를 읽는 목소리를 묘사할 때 화자는 "in a moving and eloquent voice"(K 18)라고 "웅변의," "달변의," "능변의," 혹은 "유창한"을 뜻하는 "eloquent"라는 단어를 사용하고 있다.
69. 두 작품의 비교는 특히 이미륵의 텍스트 분석에 새로운 시각을 가져다 줄 것이다. 그의 작품은 한국문화의 전달자라는 측면만 강조되고 아직 다양한 시각에서 분석되고 있지 않기 때문이다. 이때 시차의 분석도 중요하다. 현재의 한국 독자들이 이 소설에서 묘사된 한국적 정경을 보면 동일시보다는 이러한 동일시는 과거에 가능했었다는 —현재의 시점에서 보면— 상실의 경험에 있다고 할 것이다. 과거에 한국에 있었던 것, 그랬다고 믿어진 것이 재현된 데에 대한 향수를 느끼는 것이고 현재의 한국문화나 현대적 정체성과는 많이 차이를 보인다. 이러한 차이를 고려한 독법과 분석이 필요하다.
70. 각각 IV장 1.1)과 V장 1.1)의 첫 번째 긴 인용문 참조.
71. 이미륵이 출판인 Reinhard Piper에게 1944년 3월 26일 보낸 편지, 서울 소재 국립중앙도서관 6층 이미륵 개인문고의 편지모음 참조.

실함을 주장하고 있다면, 이미륵의 경우 "동양인의 내면세계에 적합하지 않은 세계적인 사건들"은 비교적 조심스럽게 자제하면서 서술하고 있다.

여기에서는 두 작가의 개인적 성격의 차이뿐만 아니라 두 작가가 놓였던 서로 다른 시대적 · 정치적 맥락이 작가들에게 다른 방식의 글쓰기 전략을 택하도록 만들었다고 분석하고자 한다. 두 작가의 가장 다른 현실 체험으로는 강용흘의 일본 묘사 및 미국 체험과 이미륵의 독일에서 겪은 세계대전과 나치스의 출현 등을 들 수 있다.[72] 예를 들어 『초당』에서 화자는 일본이 국제사회에 내세우는 입장과는 완전히 다르게 식민 지배를 받고 있는 한국의 입장을 대변하며 역사적 사건들을 기탄없이 보고한다. 러일전쟁, 을사보호조약, 국치일, 105인 탄압사건, 기미만세운동, 수원 제암리 양민학살사건 등은 청파의 일생과 직접, 간접적으로 관련을 맺는 사건으로 자세히 묘사되고 그 배경, 진행, 영향 등도 상세히 설명되고 있다.

그러나 이미륵의 경우 이러한 사건들은 많은 부분 생략하거나 어린 주인공의 시점으로는 이해하기 어려운 주변 상황의 변화로 나타나 축약되고 있다. 전체 서술을 주로 주인공이 하는 관찰을 전달하고 있으며 화자의 설명은 자제되고 있다. 이미륵이 글을 쓴 시기는 한국은 일본제국주의의 치하에 있었고 독일 역시 민족사회주의자들이 집권했는데다가 이 두 국가 간의 동맹국 관계 때문에 당시 상황에서 한국을 적극적으로 소개하거나 혹은 한반도 정세를 정치적 · 사회적 시각에서 직설적으로 비판하는 것은 대단히 위험한 일이었다. 이미륵이 놓였던 이러한 시대 상황은 한국의 실제 상황의 비참함이나 한국의 독립에 대해서는 간접적으로나 혹은 우회적으로만 표현하게 만들었다. 실제로 이미

72. 정규화는 이 외에 개인적 사건으로 이미륵을 덮쳤던 병마를 들고 있다. 이미륵과 관련해 자세한 것은 정규화, 「이미륵의 문학활동과 휴머니즘」, 앞의 책, 147쪽 이하 참조.

륵은 1934년까지는 일제의 한국합병을 공개적으로 규탄하지만 35년 이후에는 중단하였다. 일본과 일본의 동맹국 치하라는 이중의 식민적 상황에서 중국 여권을 가진 외국인으로서 글쓰기에 많은 제약이 있었음은 무엇보다도 강용흘의 『초당』과 비교해 보아도 분명하다. 일본제국주의의 강제 합병에 대한 묘사는 뚜렷이 자제되고 있으며 한일합방 이후의 일제의 압제나 수탈, 혹은 3 · 1운동 이후 본인과 애국지사들이 당한 고문 등은 전반적으로 생략되었다. 따라서 텍스트 읽기에서는 실제 쓰여진 것뿐만 아니라 이러한 상황 속에서 쓰여지지 못한 빈자리의 맥락도 같이 고려해야 한다.[73]

73. 이러한 쓰여지지 않은 빈자리는 강용흘의 텍스트와의 비교나 이미륵의 모범이 되었던 『초록 하인리히』와의 비교에서 찾아낼 수 있을 것이다.

IV. 『초당』과 민족지의 시학

강용흘의 『초당』은 자신의 유년시절을 회상하면서 한국을 소개하고 있다. 『초당』은 2부로 구성되어 있으며 제1부는 출생부터 한일합방으로 인한 조선의 패망까지를 11장에 걸쳐서 다루고 있고, 제2부는 주인공이 신식교육을 받으며 서울과 일본, 중국을 거쳐 새로운 희망의 목적지인 미국으로 가게 되기까지의 시기를 13장에 걸쳐 다루고 있다. 앞서 살펴본 '저항적 기억', '선택적 기억', '양 문화적 기억'은 서로 긴밀하게 얽혀 있어서 분명하게 나누어 고찰하기 어려우나 이 장에서는 1절에서는 어떠한 시각에서 한국문화를 표상하려 하는지를 '선택적 시각'과 '양 문화적 시각'으로 나누어 살펴본다. 이어 2절에서는 무엇을 통하여 한국문화가 독립된 문화로, 즉 '저항적 기억'으로 또한 '선택적 기억'으로 나타나는가를 주로 다루도록 하겠다. 3절에서는 이러한 한국문화가 격변의 소용돌이에서 어떻게 변모하고 이를 어떻게 기억하는가를 다루며 4절은 작품의 한국어 번역본 비교를 통한 수용사를 다루도록 한다.

1. '나를 쓴다'

1) 선택적 기억: 저자-화자-주인공

강용흘이 무엇을 자신과 한국문화를 대표하는 표상으로 선택하여 서사를 만들어 내는가에 못지않게 중요한 것이 과연 그것을 어떻게 전개시키는가이다. 이를 저자-화자-주인공의 관계를 통해서 살펴보자.

『초당』 텍스트의 본문은 다음과 같이 시작된다. 이 첫 장면은 작품의 전체 진행과 구도에 있어 작가의 기본 성향과 글 쓰는 방식을 밝히고 있는 중요한 부분이다. 다수의 자전적 소설들이 바로 허구적 구성으로 들어가서 독자들을 몰입시키는 반면, 강용흘은 이와 달리 마치 실제의 자서전인양 화자의 입을 통하여 독자들을 상대로 다음과 같은 진실성에 대한 약속을 직접 말하고 있다.

> 마침내 내 인생에 대하여 내 자신의 펜으로 진실이 밝혀질 것이다. 조금 성공했다고 해서 자랑하거나 오만하지 않고, 실패를 했다고 해서 감추거나 비굴하지 않겠다. 미국사람들이 법정에서 선서하듯이 나는 성경에 걸고 이것이 사실이라는 것을 맹세한다. 나는 내 평생에 한 번 별과 꽃에 걸고 맹세한 적이 있었는데, 그 맹세는 더욱 신성하고 낭만적이고 또 모험적이었다. 그러나 그것은 다른 이야기이다. 서양독자에게는 신기하고 이상하게 보일지 모르지만 나는 여기서 평범한 내용을 말할 것이다.
>
> 그렇다. 내가 살아온 인생은 많은 기쁨과 슬픔을 가진 흥미진진한 삶이었다. 내가 그 이야기의 저자가 되어야 한다. 왜냐하면 이것은 내가 가장 잘 아는 삶이기 때문이다. 나는 늘 영웅들을 믿었고 내 영혼을 사로잡고 내 가슴을 울리고 내 마음을 흔들고 내 피를 끓게 하고 내 시상을 날게 하는 수많은 이름들, 공자, 그리스도, 셰익스피어, 키츠, 이태백과 그 밖의 많은 사람들의 생애를 연구하기를 갈망해 왔다. 나는 이 이야기를 누구에게 가르침이 되고자 하거나 혹은 속물 취미로, 혹은 어떠한 새로운 종류의 복음을 펼치기 위해서 쓴 것은 아니다. 나의 한 가지 모토는 여러분에게 사랑과 미움과 웃음과 눈물로 이루어진 한 사나이의 인간사, 인생을 말하려는 것이다. 내가 할 수 있는 것은 오로지 '인생'을 위해 이것을 진지하고 솔직하게 말하는 일이다.

At last the truth must be told about my life, and by my own pen, without boasting or pride because it has gained some success, without hidings oder modesty because it has suffered failure. I swear it is true by the Bible, for I have seen in a Law Court the Americans swearing by this. I have had one occasion in my life to swear by stars and flowers, an oath more divine, more romantic, more adventurous. But that is another story. I shall relate here plain matter of fact, although it may seem novel and strange to a Western reader.

Yes, the life that I have lived, with all the joys and sorrows, is an interesting life, and I should be the author of the story, because this is the one life I know the best. I have always believed in heroes and I have thirsted to study the lives of all great men, such as Confucius, Christ, Shakespeare, Keats, Li Po, and many others: innumerable names that are enrapturing my soul, stirring my heart, fascinating my mind, making my blood jump and my muse fly; but I know my own story better than theirs. I am not writing this to make anybody educated, or to put down any Babbitry, or to spread any new sort of gospel. My one aim is to tell you the life, the human story of one man, made up with the stuff called love, hatred, smiles and tears. All I can do is to tell this sincerely and frankly, for *life*[...](K 3)

이러한 약속의 부분은 두 가지 측면에서 흥미롭다. 첫째로는 자기 자신의 "진실"을 밝히겠다고 약속하여 소위 '자서전의 규약'을 상기시키는 것이고 둘째로는 성인화자로서의 입장을 분명하게 드러내는 것이다.[1] 르죈(Philipp Lejeune)은 자서전을 "한 실제 인물이 자기 자신의 존재를 소재로 하여 개인적인 삶, 특히 자신의 인성의 역사를 중점적으로 이야기한, 산문으로 쓰인 과거회상형의 이야기"로 정의하고 있다.[2] 위에서 화자는 르죈의 자서전의 규약을 자신의 말로 실천하고 있다. 청파는 이제부터 자신의 인생을 이야기하겠다고 말하며 서사 세계 바깥에 실제 존재하는 자신의 인생이 있음을 지시한다. 자신이 하는 이야기

---

1. Ph. 르죈, 『자서전의 규약』, 윤진 역, 서울 1988, 문학과지성사 참조.
2. 위의 책, 17쪽.

는 이 인생에 대한 것이며 그것은 바로 자기 자신의 인생이고 이를 자기 스스로 이야기하겠다고 약속한다.

엄밀하게 규정하면 『초당』은 장르상 자서전이 아니고 자전적 소설이라 분류해야 한다. 왜냐하면 저자는 강용흘이며 화자와 주인공은 한 청파로 달라서 저자-화자-주인공의 동일성이 지켜지지 않고 있기 때문이다.[3] 그러나 작자의 개인 전기와 텍스트의 내용이 전반적으로 일치하기 때문에 이미 상당수 연구자들은 작품을 자서전의 범주 안에서 다루고 있으며 보다 중요한 것은 적어도 강용흘은 자서전의 규약을 환기시키고 글의 진실성이 자서전의 규약이 가지는 진실성에 의지하고 있다는 사실이다.

화자 청파는 "사랑과 미움과 웃음과 눈물로 이루어진 한 사나이의 인간사, 인생"을 "진지하고 솔직하게" 말하겠다고 약속한다. "진지하고 솔직하게" 이야기하겠다는 약속은 여러 가지 측면에서 분석할 수 있다. 일단 자서전이 저자가 자기와 씨름하고 자신에 대해서 기술하는 장르라 하더라도 어떠한 측면을 통하여 자신을 보여주는지, 어떠한 이유로 자신의 일생이 글로 쓰여질 가치가 있고 그렇게 생각되는지는 결코 객관적이거나 자명한 것이 아니고 저자의 '선택적 기억(selektive Erinnerung)'의 문제임이 분명하다. 때문에 "진지하고 솔직하게"는 앞으로 전개될 자전적 소설의 글쓰기 원칙으로 이해해야지, 말 그대로 있었던 현실을 그대로 재현한다는 의미는 아니다. 즉 청파는 객관적이고 중립적으로 서술한다기보다는 화자의 감격과 흥분, 비판 속에서 굴곡이 심한 감정을 그대로 드러내며 묘사한다.

이러한 약속은 강용흘이 어떤 계열의 자서전 전통에 서 있는가를 보여준다. 자서전 장르 자체의 특징이 다른 장르보다 작품세계 밖의 실제 현실을 강하게 지시한다는 데 있고, 이 장르가 픽션과 논픽션의 경계에

3. 자서전과 자전적 소설의 구별에 관해서는 위의 책, 37쪽 이하 참조.

서 있다고 할 때 화자는 "진지하고 솔직하게" 쓴다는 약속을 함으로써 거꾸로 자신의 개성과 주관성을 더 드러내며 이는 특정 전통의 자서전을 상기시킨다. 자기 자신의 삶을 쓰는 것이 자서전이지만 이렇듯 감격적이고 정열적이고 웅변조로 자신의 삶의 유일무이함과 개성을 강조하며 자신의 이야기의 중요성과 진실성을 강변한 것은 바로 루소식의 자서전 전통이라고 할 수 있다.[4]

다른 한편 강용흘이 본인의 포부와 "영웅"의 꿈을 미국의 꿈(American Dream)의 서사로 서술하는 것, 그 외에도 주인공의 자신만만한 성격을 묘사하는 것 등은 프랭클린의 자서전을 상기시킨다. 이미 저자 자신이 텍스트 안에서 청파가 맨손으로 미국에 도착했을 때의 광경을 프랭클린이 맨손으로 필라델피아에 도착했을 때와 비교하고 있다.[5] 『초당』의 전반적인 내용도 주인공 청파가 전통적 · 보수적 집안에서 독립하여 개인으로서 자수성가하려는 노력을 담고 있으며 이 역시도 미국의 꿈 도식과 연결된다. 강용흘식 미국의 꿈이 갖고 있는 차이점은 대부분의 미국 이주자들이 '황금산(gold mountain)'이라 부를 수

4. 루소의 자서전은 다음과 같이 시작한다. "이것은 자연 그대로, 진실의 모습 그대로 정확하게 그려진 유일한 인간상으로서 아마 이러한 인간상은 앞으로도 다시는 없을 것이다. 나의 숙명 또는 나의 신뢰가 선택한 이 원고의 운명을 쥘 사람인 당신이 누구이든 간에 나의 불행과 당신이 진심에 걸고 또 온 인류의 이름을 두고 이 비할 데 없는 유일한 작품을 어두움 속에 파묻혀 버리지 말도록 부탁한다. 이것은 이 뒤에 반드시 착수되지 않으면 안 될 인간 연구에 있어서 맨 먼저 소용되는 비교 참고의 책이 될 것이다." J. J. 루소, 『고백록 1』, 홍승오 역, 서울 1978, 동서문화사, 8쪽. 다른 한편 자신의 유일무이함에 대한 확신을 피력했다는 점에서도 강용흘은 루소의 맥을 잇는다. 루소는 자서전의 본문 1장을 다음처럼 시작한다. "나는 아직까지 유례가 없었고 상세함에서 견줄 만한 것이 앞으로도 나오지 않을 일을 시도하고자 한다. 나는 동년배들에게 한 사람의 본성을 아주 진실하게 보여주고자 한다. 그리고 이 사람은 바로 나다. 오로지 나일 뿐이다. 나는 내 마음을 느끼고 있다. 그리고 나는 사람들을 안다. 나는 내가 이제까지 본 그 어떤 사람들과도 다르게 만들어졌다. 그리고 감히 단언하건대 지금 살아 있는 그 어떤 사람과도 다르게 만들어졌다. 더 나은 사람이 아니라면 적어도 나는 다른 사람이라고 말할 수 있다. 나를 만들어 낸 형식을 깨뜨리는 자연이 좋은지 아닌지는 오로지 나를 읽고 난 후에 판단할 수 있을 것이다." 위의 책, 9쪽.

5. K 362쪽 참조.

있는 물질적인 부와 사회적 성공, 그리고 정치적 자유를 꿈꾸었다면, 청파의 목표는 박사라는 유교적 이상에 있다는 것이다.[6]

둘째로 이렇게 서두에 자신의 집필의도와 방향을 밝힘으로써 동시에 확연히 드러나는 것은 누구의 시각에서 인생사를 보고하는가이다. 앞의 인용문에서 보듯 "신기하고 이상하게(novel and strange)" 볼지 모르는 "서양독자(Western reader)"를 자신의 독자로 소환하면서 독자에게 자신의 글쓰기의 진실성을 약속할 정도로 성장한 성인화자 한청파의 시각에서이다. 이 성인화자는 이미 동양과 서양의 두 문화를 겪어 체화하고 있으며 일차독자로 미국인을 생각하고 있다. 이렇게 분명하게 서두에 자신의 존재를 알리는 것은 작품의 전체 집필 방향에 중요한 영향을 끼친다. 즉 한국의 문화에 대하여 오로지 내부자로서의 경험밖에 없는 한국인의 입장이나 외부에서 한국문화를 낯선 문화로 접하고 관찰하는 외국인의 시각에서가 아니며 또한 이 모든 사건을 몸소 겪는 주인공의 입장에서라기보다 이미 다른 문화를 체험해 보았고 사건에 대한 주석도 가할 수 있는 성인화자의 시각에서 보고를 하겠다는 것이다.

이러한 약속을 하는 화자가 텍스트의 서두에 분명하게 자신의 존재를 드러냄으로써 독자들은 처음부터 앞으로도 계속 이 성인화자가 보고할 것을 기대하게 된다. 실제 사건들은 주로 성인화자의 시각으로 두 문화의 관점에서 번갈아 비추어지고 해석된다.[7] 이러한 관점에서 보면

---

6. 미국과 독일의 한국계 이주민의 특징 가운데 하나가 바로 고등교육을 받은 사람이 이주해 간 비율이 대단히 높다는 것이다. 그러나 이들은 대개 미국과 독일에서 한국에서의 자신의 실제 직업이나 희망 직업과는 거리가 먼 단순노동 직업(소매업, 서비스업, 광부, 간호사 등)에 종사하는 비율이 높았고 그 결과 2세에게 이러한 못다 이룬 꿈을 기대하는 경우가 많았다. 그러한 점에서는 강용흘의 꿈이 한인들의 일반적 꿈에서 그다지 벗어나지 않는다고도 볼 수 있다.
7. 이러한 서술방식은 자주 동일한 사건을 모순되는 시각 내지는 변화된 시각으로 서술하게 만든다. 예를 들어 1부에서는 중매를 통한 전통결혼은 한국인의 풍습으로 긍정적으로 묘사되고 오히려 개인 간의 호감으로 이루어지는 서양의 결혼을 비판하나

이 소설에 전반적으로 성장을 가리키는 변화가 없다는 이기한의 지적을 다른 각도에서 해명해 볼 수 있다.[8] 즉 이는 실제 사건을 경험하고 체험하는 앞날을 예견할 수 없는 주인공, 성공과 실패를 통하여 자기를 반성하고 성찰하며 성장해 가는 주인공의 입장이 아니라 이미 사건들의 결과를 미리 선취하고 이를 독자들이 어떻게 판단하리라고 예상하며 글을 쓰는 성인화자의 입장을 강조하는 데서 기인하는 것이다.

더 나아가 이러한 서문을 통하여 화자는 자신이 무엇을 어떻게 쓸 것인가를 독자에게 밝히고 있다. 성공했다고 자랑하거나 오만하지 않고 실패를 했다고 숨기거나 비굴하지 않겠다는 것이다. 작가는 성공과 실패를 모두 적겠다고 약속하는데 이는 개인사적 사건뿐만이 아니라 한국의 역사나 문화에 대한 서술에 있어서도 마찬가지이다. 때문에 한국문화는 한 가지 시각에서가 아니라 여러 다양한 측면에서 조명되고 그 아름다움이나 정신적 깊이뿐만 아니라 빈곤함이나 초라함, 비참함 등도 숨기지 않고 서술된다.[9]

2) 양 문화적 시각: 작품의 인용구조

『초당』의 양 문화적 요소는 작품의 핵심적 구성원칙이라 할 수 있다. 양 문화적 요소는 우선 텍스트 내용의 층위에서 찾아볼 수 있다. 앞서의 인용에서 화자는 성공과 실패를 넘어서서 "사실"을 적겠다고 약속

2부에서는 한국의 전통과 단절하고 단호하게 서양식 문물과 문화를 배우러 떠나는 청파에게 이러한 결혼은 구식서당과 마찬가지로 결별해야 하는 풍습으로 거리를 두고 묘사된다.

8. 이기한은 계절의 변화만이 시간이 흐르고 있음을 보여줄 뿐 본질적으로 연대기적 과정의 느낌이 없다고 지적한다. 이기한, 앞의 책, 86쪽.

9. 이에 대하여 이광수는 『초당』이 발표되고 난 후 조혼이나 개고기를 먹는 습관을 서술하여 한국에 불명예를 가져다주었다는 비난이 있었다고 하지만 사실을 사실대로 적은 것이고 전반적으로 인물들이 애국적 성향이 많다고 강용흘을 변호한다. 이광수, 「강용흘씨의 『초당』」 동아일보, 1931년 12월 10일. 『이광수 전집 16』, 서울 1963, 삼중당, 366-69쪽 참조.

하면서 독자를 의식하는 가운데 자기 말이 진실임을 반복한다. 즉 "미국사람들이 법정에서 선서하듯이 성경에 걸고" 자신의 글이 사실이라는 점을 맹세하고 있다. 이미 이 첫 문단에서도 강용흘의 글쓰기 원칙이 잘 드러나고 있다. 즉 그가 양 문화적 '이중 초점(Doppeloptik)'을 사용하고 있음을 분명히 드러내는데 한국을 소개함에 있어 서양독자와 그들의 이해지평을 고려하기 때문이다. 이미 "진실(truth)", "성경(Bible)", "법정(Law Court)", "선서(oath)", "맹세(swear)", "평범한 내용(plain matter of fact)" 등의 용어는 강용흘이 서양의 독자를 염두에 두고 그들의 문화를 통하여 자신을 관찰한다는 명백한 증거들이다. 또한 화자는 자신을 사로잡은 성인과 문호를 열거하는 가운데 동서양을 두루 포괄하고 있다. 이는 이 서두 부분만이 아니라 작품 전체를 관통하는 특징이기도 하다. 『초당』은 주로 한국문화를 소개하고 있지만 이를 서양독자를 위하여 '번역'하고 있기 때문에 한국문화를 그들이 이해할 수 있는 언어와 유비를 사용해서 옮겨진다. 예를 들어 한국의 시제(時祭)는 미국의 "추수감사절(Thanksgiving)"로, 한국의 주권이 일본에 넘어간 날은 성경의 "최후심판의 날(Doomsday)"이라고 옮겨진다. 한국의 많은 이름들을 서양식으로 풀어서 번역하는 것도 마찬가지 맥락에서 이해할 수 있다. 예를 들어 (한)용운은 Dragon Cloud로, 친구 순택과 태원은 각각 Crystal Pool과 Tall Beans로 옮겨진다. 『구운몽』 등의 작품명도 고유명사를 음차역하지 않고 *The Cloud Dream of the Nine* 등으로 의미를 풀어서 옮기고 있다. 더 나아가 화자는 서양독자의 반응을 미리 예상하고 자신이 쓰는 것이 "서양독자에게는 신기하고 이상하게(novel and strange)" 보일 것이라고 말한다.[10] 이렇듯 동서양의 지식의 보고를 거침없이 이용한다는 점, 독자의 반응을 미리 예

10. 김성칠은 이를 "허황되고 이상하게"라고 번역한다. 강용흘, 『초당』, 김성칠 역, 서울 1948, 금룡출판, 1쪽.

견하고 있다는 점에서 강용흘의 글쓰기는 양 문화적 성격을 드러낸다.

작품의 도처에서 드러나는, 동서양을 가리지 않고 두루 거론하는 원칙을 기존의 언어자료들을 합성하는 콜라주라는 문체 개념으로 파악할 수도 있다. 그러나 본 글에서는 그것을 '인용(recite)'의 원칙으로 보고 있는데 인용은 문체의 수준을 넘어서서 작품 전체를 관류하는 구성의 원칙이라 할 수 있기 때문이다. 또 인용은 청파가 세계관적으로 좁게는 광인 삼촌과, 좀더 넓게는 유교문화와 맺는 연결점을 보여준다.[11] 광인 삼촌과 마찬가지로 청파도 문학과 시를 열렬하게 추구하고 실제로 『초당』에서 청파의 개인사도 많은 부분 시를 통하여 전달되어 거의 시적인 산문작품이 되고 있다. 중요한 것은 이 작품 속에서 동양식 문화 전달 전통의 특징이 인용을 통하여 드러나는데 이러한 인용은 암기와 모방을 넘어서서 창작으로 연결이 되고 있다. 즉 인용은 현재와 과거를 연결해 주고 동양과 서양을 연결해 주는 중요한 원칙인 것이다.

> 이처럼 어려움을 견디고 아름다운 평화를 제외한 온갖 만족을 경시하는 것이 우리 집안이 가장 중시하는 명예였다. 우리 가문의 학자인 광인 시인 삼촌은 머리 모양이 어떻게 보이든 코가 더럽든 별로 상관하지 않고 오로지 붓을 드는 데만 열중했다. 그는 희극적 인물이었다. 그가 말하는 것은 모두가 시였다. 만약 누가 어떤 사건에 대해 언급하면 그는 이렇게 인용할 것이다. "이런 상황에서는 유명한 시인이 다음과 같이 말하였으니"라고 말하고는 시를 전부 다 외울 것이다. 그리고 잠시 후에는 그는 인용한 시와 같은 운을 써서 그 상황에 맞는 자신의 시를 읊게 될 것이다.
>
> Thus it was a point of honor with my family to suffer hardship and to scorn all content except æsthetic peace. My crazy-poet uncle, the scholar of the family, cares little how his hair looked, or for dirt in his nose, but went right at it with his pen. He was a comical creature. Everything he said was poetry. If you mentioned any incident, he would quote: "Under such a situation a

11. 실제로 강용흘은 동서양의 고전 시뿐만 아니라 셰익스피어의 희곡들도 막히지 않고 암송했다고 전해진다. 한흑구, 「초당 강용흘씨의 출세 비화」, 『민성』 6(1950), 85쪽 참조.

> famous poet once said-" and then he would recite the whole poem by memory. In a few minutes he would give his own verse to fit the occasion, using the same rhymes used by the poet he had quoted.(K 8)

이러한 인용의 원칙은 작품의 구성을 전체적으로 고찰하면 더 많은 부분에서 찾아낼 수 있지만 여기에서는 각 장의 소단원의 제목과 각 장이 시작할 때의 인용 그리고 작품 속의 인용 이렇게 크게 세 부분으로 나누어 살펴보도록 하겠다. 인용의 글쓰기는 양 문화적 시각을 반영하는데 작품의 구성에도 두드러진다. 우선 각 장의 제목들을 보자.

제1부

제 1 장: The Valley of Utopia
제 2 장: The Aching Autumn Song
제 3 장: Poetry, Wine and Lies
제 4 장: The Marriage of the Prodigal Son
제 5 장: Domesticity and Vanishing Spring
제 6 장: The Garden of the Lotus Blossom
제 7 장: The Feast of the Haunting Ghosts
제 8 장: Ebbing Life
제 9 장: Vile but not Obscene
제10장: Decent but Dumb
제11장: Doomsday

제2부

제12장: Star of the West
제13장: The Journey of One Thousand Lis
제14장: High-Hat, But Nobody Home
제15장: Wandering Scholars
제16장: Postponed Suicide
제17장: Princess Immortality
제18장: The Deserted Village
제19장: Unkissed Lips

제20장: Forbidden Fruit
제21장: Mansei (O Live Ten Thousand Years!)
제22장: Agony À La Mode
제23장: The Invisible Ribbon
제24장: O Soul of America!

소제목에서도 동양과 서양의 토포스들, 비유와 인용들이 혼합되어 인용됨을 확인할 수 있다. 「이상향의 골짜기(The Valley of Utopia)」, 「탕아의 결혼(The Marriage of Prodigal Son)」, 「최후 심판의 날(Doomsday)」, 「금단의 열매(Forbidden Fruit)」 등이 서양문학과 문화에서 차용된 작품제목이라면 「연꽃 정원(The Garden of the Lotus Blossom)」, 「나그네 천리길(The Journey of One Thousand Lis)」 등은 한국을 위시한 동양 문학에서 인용한 작품제목들이다. 「만세(Mansei)」, 「보이지 않는 끈(The Invisible Ribbon)」 등은 작가의 현실과 직접 관계를 맺는 소제목들이다. 이렇듯 동서양의 인용들이 혼합되어 사용되고 있기 때문에 이 글의 동양적 내용과 사상, 형식이 서양독자들에게 낯설다는 체험을 유발하는 것처럼 우리말로 번역되어 한국인이 글을 읽을 때에도 역시 낯선 체험이 일어난다. 한편으로는 이 글에 많이 포함된 서양의 인용 때문이기도 하고 다른 한편으로는 우리 문학을 서양의 시각에서 보기 때문이다. 이민문학이 기여하는 바가 목표지 문학의 입장에서 볼 때 낯선 시각을 통하여 기존의 자명한 것을 더 이상 자명하지 않고 낯설게 인식시켜 준다는 점을 들 수 있다면 이는 이민문학이 출발지 문학에 (번역되어) 소개될 때에도 마찬가지이다. 이 점은 특히 강용흘의 문학작품에서 잘 드러난다.

동서양 문화를 혼합하는 원칙은 각 소제목 다음에 이어지는 들여서 쓰는 첫 인용문들에서도 드러난다. 이러한 인용들은 본문으로 들어가는 안내 표지판 같은 역할을 한다. 인용된 작가들은 다음과 같다. 아서 오샤흐네시, 프랜시스 킬리, 세익스피어, 엘리자베트 바레트 브라우닝,

프랜시스 톰슨, 헨리 버언, 로버트 브라우닝, 셸리, W. H. 허드슨, 크리스티나 T. 로세티, A. C. 스윈번, 매슈 아놀드, 윌리엄 블레이크, 애드거 앨런 포, 월터 새비지 랜더, 윌리엄 워드워즈, 바이런, 존 밀턴, 로버트 번스, E. 세인트 빈센트 밀레이 등이다. 이 부분에서는 주로 서양문학이 인용된다. 특히 대부분이 자연 내지는 자연과 인간의 조화를 주제로 하는 낭만파 계열의 영미 문학의 대표 작가들의 시구들이다. 또한 이와 대조적으로 본문에서는 주로 아시아계의 전통시조나 문학 그리고 자작시들이 인용되고 있다. 이는 결국 동서양의 화합을 추구하는 강용흘만의 독특한 구성이자 화음이라 할 수 있다.[12] 이러한 콜라주적 구성의 바탕에 놓인 원칙을 문제삼는다면 이는 역시 양 문화적 시각이라고 할 수 있다.[13]

우리는 독자의 입장에서도 양 문화적 요소를 지적할 수 있다. 여기에서 자전적 기록을 통한 민족지가 보여주는 개인과 집단의 변증법이 드러난다. 청파는 한편으로는 한용운 시의 '님'이 한민족 전체를 지칭한다고 말하면서 자신의 이야기가 많은 부분 한 민족 전체의 이야기가 되도록 구성하고 있다.[14] 다른 한편 그는 자신의 독특한 개성을 담은 인생을 거침없이 서술함으로써 개인의 이야기임을 드러낸다. 앞서의 인용문에서도 화자는 "평범한 내용(plain matter of fact)"을 말하겠다고 겸양적으로 표현하지만 그럼에도 불구하고—특히 내국인 독자의 시선에서는—매우 특출한 인생을 묘사하고 있다. "영웅들을 믿었고, 내 영혼을 사로잡고 내 가슴을 울리고 내 마음을 흔들고 내 피를 끓게 하

---

12. 김욱동은 서구문학작품에 대한 인유가 지나치게 많다는 점을 작품의 흠으로 지적한다. 김욱동, 앞의 책, 177쪽 참조.
13. 단원의 내용에 맞는 시 구절들이 제목으로 유도된다. 특히 5장 「가정생활과 사라지는 봄」은 포르투갈의 소네트와 한국 김천택의 시조가 동시에 인용되고 있다. 물론 김천택의 시조는 소제목과 본문 사이의 인용시가 아니라 이미 본문에 속하는 시이다.
14. K 344쪽 이하 참조.

고 내 시상을 날게 하는 수많은 이름들, 공자 그리스도 셰익스피어 키츠 이태백과 그 밖의 많은 사람들의 생애를 연구하기를 갈망해" 온 인생은 결코 평범한 보통 사람들의 일생이 아니며 "영웅(hero)" (K 3), "박사, 유명한 문사(pak-sa or famous doctor-of-letters)" (K 9), "나라의 가장 위대한 사람(the greatest man in the country)" (K 16)이라는 큰 포부를 가졌던 인물의 일생이며 동서양의 문학과 정신세계를 넘나드는 걸출한 인물의 일생이다. 또한 주인공 스스로도 인생의 좌우명이 "복종은 백 가지 예절의 근본(obedience is the source of hundred manners)" (K 59)이라고 묘사하는 나라에서 스스로는 "자유롭고 독립적" (K 180)이고자 한다는 개인적 의지를 밝히고 있어 상당히 서구적 인물로 비춘다.[15]

여기에서 우리는 이민문학을 어느 시점에서 보는가의 문제에 부딪친다. 『초당』이 목표지 독자인 미국인들에게 한국의 전형이라고 읽혔던 반면 출발지 독자들에게는 상당히 특수한, 개성이 강한 인생의 서술로 읽혀진다. 즉 당대의 미지의 한국이야기를 단종적으로(monolithisch) 수용한 외국인이 아니라 자신의 복잡한 현실을 대하는 내국인의 시각에서 이 자전적 소설을 읽으면 『초당』에 묘사된 '한 한국인' 의 일생은 대표적인 한국인의 자화상이라기보다는,[16] 상당히 예외적인, 남다른 꿈과 야망을 가진 야심만만한 개인의 일생으로 읽혀진다.[17] 일레인 김 같은 경우 강용흘의 귀족적 배경을 들어 그 세대의 한

---

15. 이러한 점에서 서양 근대의 개인의 탄생 및 성장과 맞물려 발전해 온 장르라고 인정받은 자서전 형식을 빌되 각 작가가 다른 글쓰기 방향을 택한 것은 주목할 만하다. 개성을 강조하고 영웅의 꿈을 토로하는 강용흘은 되도록 자신의 개성을 억누르고 일반적이고 보편적인 상을 전달하려 시도한 이미륵과 대조를 이루고 있다.

16. 이광수는 다른 이유에서 『초당』을 비판한다. 그는 짧은 서평에서 강용흘의 "작가적 역량" 은 인정하지만 조선에 관한 "지식의 천박" 을 들고 있으며 그가 일찍 조선을 떠났기 때문이고 풍속이나 관습도 일반조선에는 통용되지 않는다고 평한다. 이광수, 앞의 글, 305쪽 이하 참조.

17. 실제 작가 강용흘도 유별난 사람, 괴짜로 전해진다. 오천석은 다음과 같이 묘사한

국계 미국인의 전형으로 보기 어렵다고 말하고,[18] 이기한은 한국독립운동에 비판적 거리를 두는 강용흘의 태도가 당시의 한국인들과 다르다고 지적한다.[19] 때로는 집단의 대표적 정체성을 표현하고 때로는 개인의 개성적 정체성을 담고 있는 점은 민족지로서 자전적 소설이 담고 있는 독특한 긴장관계라고 할 수 있을 것이다.

위에서 1절이 어떤 시각에서 한국문화를 보는가를 다루었다면, 2절에서는 과연 한국문화를 무슨 내용을 중심으로 재현했는지를 다루게 되며 이 때에도 선택적 기억과 대항적 기억, 양 문화적 기억이 분석 틀로서 바탕에 놓여 있다. 앞서 청파가 한 "솔직하고 진실하게" 보고한다는 약속은 한국문화의 긍정적인 면뿐만 아니라 부정적이고 어두운 면도 숨기지 않고 드러낸다. 동시에 이러한 보고는 객관적이고 사실적으로 묘사되기보다는 주체의 감격과, 흥분, 비탄 속에서 상당히 주관적으로, 때로는 과장되게 표현된다.

2. '한국 문화를 쓴다': 옛 한국

1) 천년의 도원경

『초당』에서 전반적으로 성인화자의 시각이 두드러지지만 특히 첫 장이 그러하다. 본 장의 1절에서 인용한 자전적 약속부분의 다음에 이어지는 구절은 다음과 같다. 화자는 "눈을 감고 첫 추억을, 오래 전의 추억을 되새긴다."[20] 그는 그의 탄생에서부터 미국에 도착하기까지를 시간

다. "그는 변인이다. 그에게서는 상이라는 것을 찾을 수가 없다. 그의 말, 그의 행동, 그의 사상, 모든 것이 그를 보통이라는 세상에서 구축하고야 만다." 오천석, 「미주유학생의 면영(面影)」, 『삼천리』 4:3, 1932년 3월, 45쪽; 김욱동, 앞의 책, 33쪽에서 재인용.

18. E. H. Kim, "Searching for a Door to American: Kang Younghill," *Asian American Review*(1976), p.105.

19. See J.K. Lee, *op. cit.*, p.76.

20. "I close my eyes, I recall my first memories, memories of the long ago." (K 4)

의 축을 따라 순차적으로 적고 있다. 태어난 장소와 시기가 언급되고 이어지는 부분은 태어난 고향 마을에 대한 서술이다. 이 부분에서도 화자가 독자를 의식하고 있음이 드러나며 전반적으로 작품 속에 재현되는 한국문화의 기본특징도 드러난다. 한청파가 유교문화를 중심축으로 한국문화를 소개하려 한다는 것이 의심 없이 분명한 사실이라면 이 때 어떤 '선택적' 시각에서 유교를 묘사하는가를 살펴보는 것이 중요하다. 작가는 자기가 태어난 송둔지 마을을 통하여 한국을 "전통과 조상숭배"의 나라로 다음과 같이 묘사한다.

전통과 조상숭배의 철권 밑에서 지내온 나라, 나폴레옹이 "거인이 잠잔다. 깨우지 말라"고 한 나라에서 오랫동안 다른 사람들로부터 존경을 받아 온 것은 아득한 옛날로부터 이 마을 출신의 유명한 학자들과 오래된 씨족 정신을 지녔기 때문이다.

Our community had long been looked up to by others for its famous scholars and its olden-time clannish spirit, in a country for immemorial years under the iron thumb of tradition and ancestor worship, country of which Napoleon said: "A giant is asleep. Do not wake him." (K 5)

이 전통과 조상숭배의 마을은 화자에 의하여 제목에서 보듯 동양의 성자들이 생각하는 "Valley of Utopia"로 영어로 번역되고 한국어로는 "무릉도원,"[21] "도원의 계곡,"[22] "이상향"[23]으로 거꾸로 번역된다.

내 고향 마을은 위대한 동양의 성현들이 본질적으로 유토피아라고 생각하는 고장이다. '비록 이웃나라가 눈에 보이고 거기에서 닭과 개의 울음소리가 가깝게 들렸지만 사람들은 서로 찾아가 보지도 않고 늙어 세상을 떠났다.'라고 노자가 그의 이상향을 노래했듯이 사람들은 천년이 넘게 같은 옷과 거처, 먹는 것과 예절을 지키며 행복하게 살아왔다.

---

21. 강용흘, 『초당』, 김성칠 역, 서울 1948, 금룡출판, 1쪽,
22. 강용흘, 『초당』, 장문평 역, 서울 1977, 범우사, 15쪽.
23. 강용흘, 『초당』, 유 영 역, 서울 1994, 혜원출판사, 11쪽.

My native village was the kind which all the great oriental sages have thought Utopia in itself. The people had been happy in the same costumes, dwellings, food, and manners for over a thousand years, and were like the ideal state of Lao-Tze, where "though there be a neighboring state within sight, and the voices of the cocks and dogs thereof be within hearing, yet the people might grow old and die before they ever visit one another." (K 5-6)

2) 고향의 자연

강용흘이 한국을 "유토피아"로 소개하기 위하여 자주 인용하는 것이 한국의 자연이다. 한때 한국을 "금수강산"으로 부른 적도 있었지만 강용흘이 묘사하는 자연은 대단히 아름답고 "어디에서도 볼 수 없는" 한국만의 자연이라고 소개된다. 이러한 때묻지 않은 "순수한 자연"을 통하여 고향을 표상하는 것은 이민문학의 한 전형적인 특징이라고도 말할 수 있다.[24] 예를 들어 한씨 가족의 시조를 숭배하는 제사를 드리는 절기의 자연은 다음과 같이 묘사된다.

이 제사는 미국 사람들의 추수감사절과 같은 것이다. 그것은 추수 뒤 따뜻하고 맑고 밝은, 햇빛 좋은 10월의 날씨 동안에 이루어진다. 이때 떡갈나무는 황금빛으로 물들어 진홍빛이 되고 유유히 흐르는 강물이 수많은 보석의 짐을 싣고 가는 듯 구슬처럼 빛난다. 나는 그곳의 색채가 미국에서보다 더 활기차 보였다. 확실히 서양에서는 한국의 가을 같은 것을 어디에서도 볼 수 없었다. 한국의 고색창연한 지대에서는 나무가 우거진 산등성이가 눈부시게 찬란한 색깔을 띠었다. 사방에 진홍빛 산수유 열매가 있었다. 굽이굽이 도는 강과 내는 순청색이며 산간 계곡에는 동양 가옥들의 둥근 지붕을 때로는 노란 짚으로 또 더러는 선명한 청기와로 잇기도 하여 대나무 울타리 혹은 기와로 이은 담 뒤에서 꿈을 꾸고 있는 듯 하였다.

The annual Ancestor Worship was something like the Americans'

---

24. 예를 들어 터키계 이민문학에서도 이는 마찬가지이며 어떤 자연을 묘사하는가에 상관없이 자신이 태어나고 자란 고향은 아름다움의 전형으로 그려지며 이러한 이미지는 특히 대도시의 퇴폐함과 대비될 때 더 강력한 효과를 낸다. Vgl. S. Şölçün, a.a.O., S.136ff.

Thanksgiving: it occurred after the Harvest, during the harmonious days of October, keen, warm, bright, sunny day when the oak trees were golden and scarlet, and the lazy river was jewelled with a cargo of treasure. It seems to me colors must be more vivid over there than in America. Certainly I have never seen anything in the West like those Korean Autumns. In the primitive parts of Korea, the forested mountain slopes dazzled the eye with bright color. Everywhere were the scarlet soo-yoo berries. The winding rivers and streams were a pure blue, and in the valleys and dales, the oriental houses, with turned-up roofs, sometimes of yellow grass, sometimes of a vivid green pottery, dreamed always behind their bamboo fences or their tiled walls.(K 16-17)

한국의 가을은 주로 색채를 통하여 시각적으로 그려지고 "서양"에서는 볼 수 없으며 색채도 미국보다 "활기차다"고 비교된다. "눈부시게 찬란한" 산등성이며 "꿈을 꾸고 있는 듯하다" 등의 풍경 묘사에서는 저자의 감정이입과 자연을 바라보는 낭만적 시각이 드러난다. 더 나아가 이러한 자연미는 자연에 대한 감탄에 그치지 않고 자연스럽게 예술영역으로 관심이 옮아가 예술미와 연결된다. 이때 자연은 문학과 시의 소재로, 영감을 주는 원천으로 이해된다.

위의 풍경 묘사 뒤에는 동양의 시를 소개하는 단락이 이어지는데 그 사이에 있는 아래의 인용은 자연과 시를 연결해 주고 있다. 이때 저자는 독자를 의식하고 동양의 자연을 상상해 볼 것을 제안하는데 최상급의 형용사들을 동원하여 자연의 아름다움을 독자들 눈앞에 가져다 준다. 여기에서도 역시 "꿈-유토피아(dream-utopia)"의 개념이 사용된다.

가을에 대한 동양의 시들은 느낌이 특이하다. 그것은 아마도 다음과 같이 설명해 볼 수 있다. 당신이 본 가장 아름다운 산과 가장 아름다운 나무, 가장 아름다운 물과 가장 아름다운 달, 그리고 완전한 꽃을 상상해 보라. 그리고 당신이 결코 손으로 잡을 수도 없고 아주 오랫동안 간직할 수도 없는 꿈의 유토피아처럼 당신에게서 모두 슬그머니 그것이 빠져 나가는 것을 생각해 보라. 그러나 우리가 사뭇 아직도 그것에 얼이 빠져 있는 동안 산들거리는 가을바람은 돌풍으로 변하고 화려한 잎들은 하나하나 떨어져 간다.

The feeling of the oriental poet about Autumn is a peculiar one. I can perhaps illustrate it in this way. Imagine the most beautiful mountains you have ever seen, the most beautiful trees, the most beautiful water, the most beautiful moon, the one perfect flower-and think of it all slipping away from you like a dream-utopia which you can never grasp to the hand, nor hold for very long; but while you are still infatuated with it all, the sighing winds of Autumn will turn to blasts, and the gorgeous leaves drop, one by one...(K 17)

3) 대가족

자연과 마을의 묘사는 그 자연의 아름다움으로 인하여 이러한 유토피아적 정경을 고조시키는 역할을 한다. 그 다음 화자는 실제 생활로 시각을 돌리는데 물질적으로는 매우 궁핍한 정반대상이 묘사된다. 특히 『초당』에서 굶주림에 대한 묘사는 서울 유학생활에까지 계속 이어진다.

그러나 생활은 우리 마을 사람들에게는 전혀 유토피아가 아니었다. 때때로 강은 사악한 용처럼 범람했다. 마을에 장마가 지지 않아도 폭우가 내린 산에서 흘러내린 물 때문에 홍수가 난다. 농민에게 가장 어려운 때는 8, 9월로 그때는 묵은 곡식을 다 먹었고 새 곡식은 아직 익지 않았기 때문이다. 그때의 유일한 양식은 감자와 물고기다. 이 정도는 가장에게는 몇 푼 되지 않더라도 종종 그 정도의 것도 얻을 수 없을 때가 있었다. 그러면 그의 가족은 풀뿌리와 쌀겨로 연명을 해야 했다.

But life was not all Utopia to the people in my village. Sometimes the river behaved like an evil Dragon. Even if the village did not have heavy rain, there would be floods which came from the mountains, where there had been a cloud-burst. The hardest time for the farmer was during the months of August and September, when all the old crops had been eaten, and the new grain had not reached fruition. Then the only food would be potatoes and fish. This cost the father of the family only a few pennies per day, but often he did not have even much as that. Then his family had to live on grass roots and rice hulls.(K 6-7)

도원경과 비참한 생활의 변주, 즉 다시 말해서 미학적인 도취와 물질적 궁핍(내지는 물질에 대한 경시)은 주도동기(Leitmotiv)처럼 작품 전체에 계속 반복된다. 이는 "굶주림(starvation)"이라는 용어의 이중적 사용에서도 보여지는데 저자 역시 실제의 육체적 "배고픔"(K 8)을 의미하는 굶주림뿐 아니라 학문적인 갈증도 "굶주림"(K 183)으로 표현하고 있기 때문이다. 저자는 한국문화를 주로 자신이 태어나고 성장한 유교문화를 중심으로 소개하지만 이미륵이 보여주듯 유복한 가정의 조화로운 유학자의 삶이 아니라 정신문화와 미학적 도취 그리고 물질적 궁핍이라는 명암의 극단적 대비 가운데 묘사한다.

물질적 궁핍은 저자가 우연히 태어난 가정이 가진 운명이지만 다른 한편 유교 자체에서 물질주의를 배격한다고 여러 차례 언급함으로써 물질에 대한 초연한 태도는 유교가 갖고 있는 특징으로 묘사된다. 보릿고개와 홍수에 대한 서술을 통해 물질적 궁핍이 절망적이고 극단적으로 묘사된 후에 시선은 이러한 상황에서 살고 있는 가족에게로 옮겨진다. 가족들은 "불교의 신비주의"나 "유교의 경전"에 빠져 있어서 이러한 상황에서도 굴하지 않는 인생관을 보여준다.

> 우리 집도 비참하게 하늘만 바라보는 신세를 면치 못했지만 가족들은 절망적인 굶주림을 걱정하는 것 같지 않았다. 왜냐하면 식구가 거의 불교의 신비주의나 아니면 유교 경전에 빠져 있었기 때문이다. 공자는 사람은 거친 음식과 소박한 옷과 초라한 집에 사는 것을 부끄러워할 것이 아니라 오로지 아름다움의 인식에 대한 교양이 없는 것을 부끄러워해야 한다고 주장하였다.
>
> Our home was not exempt from this miserable dependence upon the elements, but my family did not seem to mind their helpless poverty, since most of them were indulging in the mystical doctrine of Buddhism, or in the classics of Confucius, who always advocated that a man should not be ashamed of coarse food, humble clothing, and modest dwelling, but should only be ashamed of not being cultivated in the perception of beauty.(K 7)

이어 한 번도 보지 못한 어머니, 할아버지, 삼촌들, 옥동야, 아버지,

할머니 등 가족에 대한 소개가 계속 이어지고 그 가운데 이 가족이 가진 인생관과 세계관이 설명된다. 특히 불교와 무속은 청파에게 어머니 대신이었던 할머니를 통하여 묘사된다.

『초당』에 서술된 대가족은 부모와 그의 자식으로 이루어진 핵가족이 지배적인 미국적 현실에서 독자들에게는 다른, "이해하기 어려운' 구한국의 문화를 보여준다.[25] 상당한 학식을 가진 할아버지나 광인 삼촌이나 모두 집안일을 돌보지 않고 오로지 "어릴 때부터 온 가족을 책임져야만 했"던 아버지 한 사람의 희생으로 집안이 꾸려져 간다. 아버지는 장남으로서 명목상으로는 "이 집의 주인(master)"이지만 사실은 "모두의 종(slave of everybody)"이다.[26] 그는 자신의 자식만이 아니라 어머니와 남동생, 그리고 남동생들의 자녀들을 모두 책임지고 한 초가지붕 밑에 부양한다. 두 남동생은 이미 결혼하였고 한 동생은 재혼까지 시켜 주지만 본인은 대가족의 무거운 짐 때문에 재혼을 생각할 수 없는 처지이다. 광인 삼촌은 유명한 시인이자 한문선생임에도 불구하고, 즉 교육의 혜택을 가장 많이 받았음에도 불구하고 집안 살림을 거의 책임지지 않고 "집안 필수품을 얻는 주소득은 아버지가 여러 가지 도구를 만들어 그것을 해안 마을에서 물물교환을 하는 것이었다. 우리 마을에서는 거의 돈이 사용되지 않았다. 아버지가 가장 많이 만든 물건은 밥 짓는 데 필요한 솔잎을 긁어 모으는 연장이었다. 아버지는 무엇이든 손으로 아주 잘 만드셨고 시인 삼촌의 책도 아주 근사하게 제본하셨다. 언제나 그분은 비록 자신은 큰 학자가 아니지만 학자를 깊이 존경하였다."(K 11)

『초당』에서 특히 많은 부분을 할애하여 자세하게 묘사하는 인물은

---

25. 청파 스스로 한국의 대가족 관습이 서양과 다름을 다음과 같이 작은 숙모의 예를 들어 설명한다. "서양인에게는 이해하기 어렵겠지만, 나의 아버지는 막내아우의 아내를 직계가족과 다름없이 생각하였다."(K 75)

26. K 10쪽 참조.

광인 삼촌이다. 그는 한청파의 어린시절의 모델 역할을 한다. 뛰어난 학식과 문장력을 지닌 삼촌은 중국 유학까지 마친 인물로서 거의 전국에 명성을 떨친 인물이었고 오로지 글과 시 짓기에만 몰두하는 인물이다. 화자는 이 인물을 통하여 유교의 지식과 지식인을 정치지향성이나 사회비판적 성향에서라기보다는 정신적, 미학적 시각에서 조명한다. 이러한 유교는 정치, 사회, 경제와 별 깊은 관련이 없이 묘사되고 철학관과 인생관을 제공해 주지만 가계와는 전혀 별개의 영역이다. "그[광인 삼촌]는 시에 대해 절대 물질주의를 개입시키지 않았으며 가난에 대해 별로 토의하지 않았다. 그 문제가 나오면 그는 '가난은 소 새끼다!(Poverty is a son of cow!)'라는 식으로 신랄하게 무시했다."(K 90)고 전한다. 이러한 유교관은 어린시절 청파의 교육과 인생관에 큰 영향을 준다. 또 다른 인용도 이러한 "굶주림"과 "아름다운 평화," "만족의 경시," "명예"를 통하여 유교관을 보여준다.

> 백이와 숙제처럼 우리나라 사람들에게 영향을 준 많은 위인들이 굶어서 죽었다. 그러므로 고난을 견디어 내고 미적인 평화를 제외한 온갖 만족을 무시하는 것이 우리 가문의 명예의 핵심이었다.
>
> Many of the great men influencing my people, like Po Yi, or Chieh Chih Tuei, starved to death. Thus it was a point of honor with my family to suffer hardship, and to scorn all content exept æsthetic peace.(K 8)

아버지가 전통을 지키는 보수적 유교 추종자였다면 삼촌은 거의 도학자였다고 묘사된다.

> 있는 그대로 인생에 지극히 만족스러워한 사나이였다. 그의 마음은 어린이 같았다. 그는 그의 스승인 늙은이, 백발의 아이라 불린 노자 같았다. 자연의 모든 것이 그의 벗이었다[…].
>
> He was a man supremely satisfied with life as it is. At heart he was a child. He was like his master, Lao Tze, the Old, or White-Haired Child. Everything in Nature was his friend[...].(K 64)

이 삼촌이 청파의 인생방향에 모델 역할을 하고 청파 스스로 그리고 주변 사람들에 의하여 "가문의 학자(scholar of the family)" (14)가 되리라는 기대를 받게 된다. 청파의 꿈은 박사인데 이 박사의 의미는 시대와 더불어 변화한다. 조선시대의 박사는 성균관, 홍문관, 규장각, 승문원에 딸린 정7품의 벼슬을 지칭하는 용어였고 청파의 당숙이 얻은 벼슬의 칭호이자 성공한 유학자의 상징이다. 화자는 서양독자를 위하여 박사를 "한국 전체가 부양해 주어야 할 일종의 계관시인(pak-sa, a kind of poet-laureate)" (K 114)이라고 번역한다. 한일합방과 더불어 이러한 구한말의 박사의 꿈이 무산된 다음부터는 청파는 미국식 박사를 목표로 삼는다. 그러나 이때에도 청파의 꿈은 여전히 전통의 영향을 많이 받고 있다고 이야기할 수 있는데 '박사' 는 근대식의 세분화된 직업 가운데 하나로서의 작가, 문필가가 아니라 학자, 미학자, 시인을 겸했던 유교적 학자를 뜻하는 총체적 개념으로 사용되고 있기 때문이다. 실제 청파가 서양의 박사가 되려고 하지만 이는 학위과정을 거쳐 받는 특정 학위를 의미하는 것이 아니라 "가장 아는 것이 많은 사람" (K 212) 등 여전히 유교식 표상이 담긴 포괄적 용어로 쓰이고 있다. 『초당』 1부와 2부의 구성은 많은 편차를 보이지만,[27] 1부와 2부의 작품을 이어가는 연결고리의 역할을 하는 것은 주인공의 "박사(pak-sa or famous doctor-of-letters)" (K 9)가 되려는 소망이다. 이는 개인의 소망일 뿐만 아니라 어렸을 때부터 가족 모두로부터 인정받은 인생 최고의 목표 중의 하나이다. 심지어 2장에서는 풍수지리에 능한 할아버지가 손자 하나를 박사로 만들려는 생각으로 자신의 산소자리를 선택했다고 이야

27. 이 소설 1부와 2부의 변화나 차이에 대해서는 여러 가지 견해가 나오고 있다. 호지는 1부는 구한국과 가족의 진실한 모습을 담고 있다고 서술하며 2부의 "질풍노도" 보다 높이 평가한다. 이기한 같은 경우 2부에서 청파가 서구화되고 있고 글쓰는 양식도 건조해지고 있다고 차이를 지적한다. 이에 대해서는 L. Hosie, "A Voice from Korea. Rev. of Kang Younghill's The Grass Roof," *Staturday Review of Literature* 7, 1931, p.193; J. K. Lee, *op. cit.*, p.88ff 참조.

기함으로써 가족 대대로 박사는 대단한 명예임이 드러난다. 한청파는 한국이 일본에 패망했을 때 나라의 안위를 한탄하면서도 자기 개인의 장래와도 결부시켜 절망하게 된다. 나라가 망한 후 이제 그의 꿈인 박사를 이룰 수 있는 희망은 오로지 서양식 교육에 있다.[28] 이제 그의 목표는 "서양의 박사학위"로 바뀌게 된다.[29]

4) 한국의 풍습들: 야만과 문명

강용흘은 자연 묘사의 대목에 뒤이어 외국독자를 위하여 한국의 설 같은 세시풍속과 결혼식, 장례식, 제사 등을 상세하게 묘사하고 있다. 한국의 자연이 서양과 비교되면서도 "당신이 본 가장 아름다운" 등으로 전반적으로 최상급으로 예찬되고 있다면 한국의 풍습은 서양인들이 동양을 어떻게 바라보는가를 고려하는 가운데 보다 복잡한 시각에서 묘사되고 있다.

이때 서술의 핵심 개념 역할을 하는 것이 '야만과 문명'의 이분법이다. 강용흘은 이 이분법 도식을 사용하되 구한말에 서양이 동양에 적용한 것과 반대로 사용하고 있다. 폰타나는 그의 책 『거울에 비친 유럽』에서 '야만'의 기원을 추적한다.[30] 그는 자신의 정체성을 타자인 "야만인"을 통해 구성해 온 유럽의 역사를 고대 그리스 시대로부터 고찰함으로써 이러한 구분의 허구성을 고발하고 있다. 이러한 '비추어보기'는 역사를 통하여 여러 형식으로 바뀌어 계속 반복되는데 무엇보다도 18세기 말 이후 유럽인들은 기술적 우월성 (특히 에너지와 기계) 혹은 인종이론에 바탕을 두고 자신들을 "문명인"으로 규정하고 아시아인, 아프리카인들을 "미개인(salvaje)"으로, 또는 역사적으로 "원시인(primitivo)"으로 만들어 내었다고 기술한다.[31] 더불어 '아시아'도 지리

---

28. "학자로서 대성하는 길은 오직 미국에 있다."(K 173)
29. K 184쪽 참조.
30. J. 폰타나, 『거울에 비친 유럽』, 김원중 역, 서울 2000, 새물결, 특히 1장, 8장, 9장 참조.

적 개념에서 역사적, 문화적 단위로 그 내포의미가 바뀌게 되고 중국도 18세기 말에 오리엔트화된다.[32]

강용흘은 이러한 문명과 야만의 이분법 시각에 어떻게 반응하는가? 그는 이 서구에서 구성된 이분법 자체를 거부하기보다는 이 이분법을 이용하되 자신의 양 문화적 경험을 이용하여 거꾸로 적용시킨다. 이미 동양에도 '오랑캐'라는 '구성된 개념'을 가지고 자기 이외의 타자의 문화를 비추어 본 역사가 있다.[33] 이러한 관점에서 보면 서양은 "양이(洋夷)"가 된다. 청파의 저항적 시각에는 이러한 양 문화적 혼합시각이 담겨 있다. 그는 야만과 문명의 도식을 적용시켜 서양의 독자들에게 한국의 풍습을 다시 인식시키려 시도한다. 그는 특히 서양인들이 여행기나 민족지에 부정적인 시각으로 자주 언급하는 제사, 결혼 및 식습관 등도 글의 머리에서 약속했다시피 "감추지 않고" 서술한다. 그러나 이때 이러한 풍습들을 우상숭배나 미신이나 무속, 야만적 식습관 등 서양의 낯선, 우월한 시각이 보는 대로 반복하는 것이 아니라 이러한 문화를 아는 내부자의 시각에서 서양인이 모르는 '다른' 문화로 적극적으로 변호하고 이해시키며 때로는 서양의 입장에서 비판도 하고 있다.

강용흘은 『초당』에서 자주 "서양 독자에게는 신기하고 이상하게 보일지 모르지만"(K 3), "서양 독자에게는 야만적 풍습처럼 보이지만"(K 55), "서양인에게는 이해하기 어렵겠지만"(K 75), "극동의 정세에 익숙지 못한 독자"(K 167) 등의 표현을 사용하면서 독자에게 직접 말을 건다. 동시에 독자들이 어떻게 생각할지는 잘 알고 있지만 독자들은 낯선 극동이나 동양의 정세를 모르거나 잘못 알고 있거나 혹은 이해가 부족

---

31. 이는 "고결한 미개인"으로 추켜세울 때도 마찬가지이다. 같은 책, 219쪽 이하 참조.
32. 같은 책, 247쪽 참조.
33. 오랑캐 개념은 자기를 중심으로 타자를 파악하는 것이기 때문에 실제 지칭하는 예들은 다르다. 예를 들어 중국의 입장에서는 모든 다른 변방국가들이 오랑캐이지만 한국의 입장에서는 중국과 우리나라를 제외한 나라들이 오랑캐 나라가 된다.

하다고 강조하면서 내부자의 입장에서 풍습이나 사건을 새롭고 다르게 서술한다.

구체적으로 살펴보기로 하자. 서양인들의 구한말 조선에 대한 묘사 중 "야만스럽다"고 자주 언급된 것 중의 하나가 조혼 혹은 중매결혼이다. 근대시민사회가 태동하면서부터 점차 전근대적 전통에서 벗어나 결혼이라는 제도를 개인들 간의 호의와 감정에 기반을 둔 선택으로 이해했던 서양의 시각에서 한국의 결혼을 경시하는 것을 화자는 이미 의식하고 있다. 청파는 삼촌의 결혼식 과정을 준비과정에서부터 자세히 묘사한다. 화자는 서양의 시각에서는 이러한 한국의 결혼을 "미개한 풍습(barbaric custom)" 이라고 볼 것이라고 서양인의 선입견을 지적하면서 그러나 이에 대해 동양에서는 "다르게(different)" 본다고 서로의 견해를 맞부딪치게 만든다.

신랑, 신부는 결혼식 밤이 지나 아침이 오기 전까지는 서로 얼굴을 마주대고 볼 수가 없었다. 이것은 물론 서양 독자들에게는 미개한 풍속처럼 보이나 동양의 시각에서는 다르게 생각되었다. 작은 삼촌과 새 숙모는 이기주의적 정열로 묶인 두 개인이 아니라 그들의 법적인 의무를 다하는 아담과 이브의 대표라고 생각할 따름이었다. 자신의 아내를 고르고 자녀생산 문제에 대해 개인의 취미를 논하는 것은 혐오스럽고 방자하며 야만적이라고 옛 풍습에 젖은 우리나라 사람들은 간주하였다. 예절 있는 사람이라면 누구고 비록 아내를 위해 아내를 사랑한다 할지라도 감히 자기 아내를 다른 사람 앞에서 애정 깊은 눈으로 보거나 달콤하게 말을 건네는 것은 꿈도 꾸지 못하였다. 결혼이란 일이요 감상이 아니었다.

The couple had never seen each other before, face to face, and were not supposed to know each other by sight until the morning after their wedding night. This seems a barbaric custom to a Western reader, no doubt. But the Oriental viewpoint is different. My junior uncle and my new aunt were not two individuals brought together by egoistic passions, but merely representatives of Adam and Eve, who fulfill their lawful duty. To choose your own life, to consult your individual taste in the matter of propagation, was considered horrifying, licentious and uncivilized by the people in my ancient community. No man of breeding would dream of looking at his wife affectionately, nor speaking to her sweetly before others, even if he loved her for herself. Marriage was business, not sentiment.(K 55)

동양의 시각에서 보면 오히려 서양의 결혼이 "이기주의적 정열로 묶인 두 개인" 간의 결합이며 "혐오스럽고 방자하며 야만적(horrifying, licentious and uncivilized)"인 것으로 나타난다. 이에 반하여 중매를 통하여 이루어지는 한국의 결혼은 "법적인 의무를 다하는 아담과 이브의 대표"들의 결합으로 "다르게" 생각된다는 것이다. 특이한 것은 아담과 이브의 대표라는 비유를 함으로써 한국의 결혼을 서양의 전반적 이해지평과 다시 결부시켜 설명하여 한국의 결혼을 한국만의 것으로 고립시키지 않고 이에 대한 새로운 이해가 보편적 성격을 가질 수 있도록 변호하는 것이다.[34]

두 번째로 거론할 수 있는 것은 개고기를 먹는 식습관이다. 이는 현대에 이르기까지 서양인들이나 미국인들이 한국문화의 "야만"적 측면으로 자주 거론하는 습관이기도 하다. 화자는 한편으로는 개고기를 먹는 습관이 있는 것을 시인하며 매우 좋은 음식이라고 생각하기 때문에 제사에도 오른다고 개고기 먹는 습관을 변호하지만 개고기를 먹는 습관은 본인 개인은 "옳지 못하다"고 생각한다고 일단 사견임을 전제하여 앞서의 의견에 거리를 둔다.

해마다 조상님 제사에는 각 가정에서 소나 돼지, 혹은 개를 잡아 우선 조상의 혼령에게 바친 후 혼령이 남긴 것을 먹는다. 한국인은 개고기를 먹는데 개고기가 매우 좋은 음식이라고 생각하기 때문에 제사에도 쓰는 것이다. 나 자신은 그

34. 그러나 청파가 이미 개인적 여정을 걸어가기 시작한 2부에서는 아버지와 가족들이 자신의 중매결혼을 준비하고 있을 때 이를 거부하고 다른 의견을 개진한다. 이제 이러한 한국의 전통 결혼은 "오직 허수아비들만이 가는 콧물의 마을 서당"처럼 시대에 뒤처진 "구식"으로 보이고 청파는 결혼 자체에 회의적이라고 적고 있다. 다른 한편 결혼에 대한 거부는 공부를 하기 위해서라고 강변된다. K 185쪽 참조.

영리하고 충실한 개를 먹는다는 것은 옳지 못하다고 생각했다.

At the annual ghost worship each family killed a cow or a pig or a dog, which they offerd to the ghosts first, then ate of it what the ghosts left. For the Koreans eat dogs, and consider that the meat is very good food. I myself feel that it is not right to eat dogs, because they are so intelligent and so faithful.(K 107-108)

그러나 강용흘은 다른 한편 고향 집에서 자신이 기르는 개를 얼마나 아꼈는가를 다루면서 한국인들이 개를 얼마나 사랑하는가를 서술하는데 자신이 돌보았던 소와 개 등의 동물들과 나누었던 우정과 에피소드를 7장에서 소개하고 있다. 특히 개 부홍이와의 일화들은 인간과의 우정보다 더 진한 관계를 보여주고 있다. 홍수가 났을 때 자신의 목숨까지 구해 준 개와 소 이야기, 그리고 부홍이가 죽었을 때 어린 청파가 느끼는, 병이 날 정도로 깊었던 슬픔에 대한 묘사는 대단히 감동적이다.[35] 이에 한 걸음 더 나아가 청파는 서양 기독교의 동물관을 다음과 같이 비판하고 있다.

얼마나 정직한 친구들이란 말인가! 개들은 영혼이 없다고 설교를 하는 그리스도교인의 말을 듣는 것은 참으로 참으로 불행한 일이다. 가장 영리한 개들은 내가 아는 말없고 둔하며 자극을 받지 못하는 인간보다 더 훌륭한 영혼을 가지고 있다.

What honest friends they are! It ist very very unfortunate to hear the Christian doctrine preached that animals have no souls. I believe that the most intelligent dogs have better souls than some dumb, insensitive, unstimulating human beings I have known.(K 101)

이러한 한국의 풍습에 대한 서양의 편견이나 선입견, 무지를 직접적으로 언급하거나 간접적으로 암시하는 입장은 도처에서 확인된다.[36]

---

35. K 110쪽 참조.

특히 화자는 한국에 와 있던 당시의 서양 선교사들의 지적 수준이나 기본자세를 고발하고 있고 이들이 갖고 있는 서양우월주의적 선입견을 직접적으로 비판한다.[37] 무엇보다도 문명과 야만, 도덕과 비도덕이라는 이분법적 사고방식에서 이루어지는 서양 선교사들의 한국문화에 대한 선입견이 문제시된다. 김만중의 구운몽 이야기에 대한 평가가 대표적인 예이다. 당시 서양 선교사들이 이 작품이 한국인들이 얼마나 "부도덕한가(immoral)"의 본보기라고 생각했다고 인용하면서 청파는 구운몽의 이야기의 내용이 어떠한가를 소개하고 글을 쓴 작자의 의도를 들어 작품을 변호하고 있다.[38] 더 나아가 청파는 늙으신 어머니를 기쁘게 해드리기 위하여 여덟 여인과의 사랑을 묘사한 김만중을 "한국판 보카치오"(K 116)로 묘사하여 한편으로는 문학의 이름으로 도덕적 비난을 막으며 다른 한편으로는 한국의 작가를 서양의 대표문호와 같은 반열에 올려놓고 있다. 이러한 시각은 국악의 예에서도 드러난다. 서양인들은 "박자가 맞지 않는다"고 말한다지만 청파는 국악의 자연미를 강조한다. 국악 정서의 진지함은 키츠나 이백과 비교된다.

> 그리고 한국의 음악은 꾀꼬리 노래처럼 정말로 자연스럽다고 말하고 싶다. 서양 사람들은 국악은 "박자가 맞지 않는다"고 말한다지만 누가 박자 맞추기에 관심을 두는가? 꾀꼬리가 그러겠는가? 국악은 적어도 키츠나 이백처럼 충격적이고도 진지한 정서를 가지고 있다.
>
> And Korean music, I may say, really is natural-like the song of the nightingale. Westerners have been known to complain that it does not "keep time," but who cares about "keeping time"? Does the nightingale? Korean

---

36. 이 점은 미국인의 글 가운데에서는 그리피스의 글에서 두드러진다. W.E. 그리피스, 『은자의 나라 한국』, 신복룡 역, 서울 1999, 집문당 참조.
37. 이는 주로 20장에서 자세히 다루어지고 있다. 청파는 선교사들을 두 부류로 분류하면 한 부류가 착실한 교육을 받은 진지한 유형이라면 대다수가 속한 다른 부류는 서양에서는 일자리를 구할 수 없으니까 동양으로 건너와 적은 돈으로 사람들을 고용하여 편히 살며 이교도들을 얕잡아보고 있다고 말한다. K 310-311쪽 참조.
38. K 116쪽.

music at least holds impulsive sincere emotion, like a Keats, like a Li Po.(K 116)

청파의 서양관이 3절 3)항에서 보게 되다시피 막연한 것이었다면 서양 선교사들에 대한 비판은 구체적이다. 한국의 근대화가 '기독교 근대화'라는 성격을 지니고 있다고 묘사되는 점을 고려해 볼 때 서양 선교사들에 대한 비판은 당시의 막연한 미국관 또는 서양관에 대한 비판을 선취한다는 점에서 중요하다. 이러한 비판과 변호는 『초당』에서는 때로 과장되어 있어 책이 출판되었을 당시 서양의 비평가들에게 편향된 시각을 지적받기도 하였는데 특히 서양 선교사들에 대한 비판은 "정당한 평가가 아니다"라는 반박이 나오기도 하였다.[39]

3. 이중시각: 격변의 소용돌이

전반적으로 1부 중반 이후부터 일제의 침략과 더불어 격동기에 들어선 한국을 묘사한다. 그러면 그 이전의 한국은 어떻게 묘사되는가? 앞서 살펴보았듯이 한청파는 구한국을 "천년이 넘게" 변함이 없었던, 예절과 도덕을 지키며 살았던 행복한 도원경으로 묘사한다.[40] 이때 한국의 천년 역사 안에서 수많은 갈등과 고난, 그리고 분단의 역사들은 모두 사라지고 천년이라는 역사가 주는 신화 내지는 환상적 이미지가 지배하게 된다. 이러한 묘사는 자주 반복되며 한국이 일본에 패망하여 국권이 넘어가는 광경은 이 행복한 도원경이 스러져 가는 모습으로 그려진다.

다음은 한일합방 이후 삼촌이 한국과 이별하는 장면의 묘사인데 이때 한청파는 구한국을 행복했던 나라로 다시 한번 간절하게 회상한다.

39. L. Hosie, *op. cit.*, p.194.
40. K 6쪽 참조.

나는 키 큰 의원이 초가지붕 꼭대기에서 할아버지의 영혼에게 작별인사를 했던 것처럼 광인 시인 삼촌이 신령에게 작별인사를 하고 있다는 것을 알았다. 그러면 한국은 망한 것인가? 호머시대 같고 황금시대 같은 소박한 나라 — 로마제국의 영혼과는 가장 멀고, 오늘날까지도 근대화가 매우 늦어진 소박한 나라. 나는 울고 또 울다가 그냥 잠이 들었다. 바깥에서 나는 밤새도록 나는 낮에만 들을 수 있는 이상한 소리를 들었다. — 밤에 밖에 매놓을 일이 없던 소의 방울 소리와 그들의 놀란 음매 소리를.

I knew that my crazy-poet uncle was as if saying good-by to a ghost, just as the tall doctor had given the farewell to my grandfather's spirit on top the grass roof... Was Korea ended then? A pristine country, contemporary of Homeric times and of the Golden Ages-far, far removed from the spirit of the Roman Empire and all later modernity until this day... I cried and cried myself to sleep. Outside all night I heard an unnatural day-sound — the jingle-jangle of cows which had not been put up for the night, and their astonished moos.(K 170)

화자는 구한국을 그리스의 "호머시대," 요순의 "황금시대"로 비유하고 이를 "로마제국의 영혼"과 "근대화"와 대조시키고 있다. 이러한 비유는 '문화'와 '문명'의 대조관계 속에서 계속 다양하게 변주된다.[41] 대체로 서구 영미권에서는 문화와 문명을 구분하지 않는다. 독일에서는 이를 구분하는데 대체로 자국에는 '문화(Kultur)'를, 다른 여타 유럽 국가인 프랑스나 영국에 대하여는 '문명(Zivilisation)'이라는 용어를 사용한다. 유럽의 문명화가 근대 계몽주의의 이름으로 18세기부터 진행된 것에 비해 19세기 중반 이후부터 뒤늦게 이에 참여한 독일은 한편으로는 자신들의 문화적 우월성과 특수성을 주장하고자, 다른 한편에서는 문명화와 근대화에 뒤쳐진 것을 만회하고자 이러한 구분을 사용한다. 전반적으로 『초당』이나 『압록강은 흐른다』에서 일본에 대해서는 문화와 문명의 구분이 아니라 야만 대 문화(혹은 문명)의 이분법을

41. "문명" 및 "문화" 개념의 변천사 및 영국과 프랑스 및 독일에서의 다른 사용에 대해서는 원승룡 외 저, 『문화이론과 문화읽기』, 서울 2001, 서광사 제1부 참조.

사용하고 있고 서양에 대해서는 문화와 문명의 용어를 구분 없이 사용하고 있다. 그러나 실제적으로는 "문화" 및 "문명"의 대립과 거의 유사한 구분을 하고 있다. 화자는 동양의 도덕적 유교문화와 서양의 기독교 근대화라는 대립으로 변주하여 문화와 문명의 대립구도를 사용하고 다음 절에서 살펴보듯이 이는 서양에 대한 평가에서 중요한 역할을 하기 때문이다. 이 대립은 시에 따라 다른 구도 속에서 사용되고 있는데 청파가 서양문명에 경도되어 있을 때에는 서양은 정신적, 도덕적, 물질적 관점 모두에서 높은 문화(문명)을 가진 세계로 표상된다. 그러나 세계대전의 경험은 화자 청파로 하여금 서양에 대한 시각, 또한 일본에 대한 시각까지도 상당 부분 수정하게 만든다.

일본 유학을 가기 전이나 갔다 온 후나 청파의 한국에 대한 묘사에서 유토피아라는 토포스는 핵심적인 역할을 한다. 이전이 유토피아의 현전으로 묘사되었다면 이후는 유토피아의 부재로 묘사되기 때문이다. 식민지배하에 들어간 한국은 기강이 해이해지고 새로운 근대 시설은 모두 일본인들이 장악하여 한국민은 옛 경제적 기반을 잃고 자기 땅에서 쫓겨나 만주나 시베리아로 이주를 떠날 수밖에 없는 비참한 현실 속에서 그려진다. 이제 과거의 유토피아란 간 데가 없고 한국은 미래에 대한 희망이 없는 유령(혼령)의 나라로 불린다. 때문에 화자의 눈에는 자신의 고향에서, 조국에서 동포들이 "낯선 집단(the foreign element)"으로 보이게 된다. 식민지 치하의 한국은 앞서 텍스트의 시작에서 묘사했던 유토피아를 결정적으로 상실하였다는 인식하에서 묘사된다.

> 유토피아는 이제 더 이상 없다. 이제는 우리 동포가 조국에서 낯선 집단처럼 보였다. 아직도 상투를 틀고 흰옷을 입고 혼란스런 표정으로 시장거리를 돌아다니며 근심걱정에 싸여 주름진 유령 같은 얼굴로 내일은 무슨 일이 일어날까 걱정하는 것이다! 이들의 유토피아는 간 곳 없다. 절대로 돌아오지 않으리라, 아니 결코 돌아오지 않는다.
>
> Utopia was no more. My people now seemed the foreign element in their own country, still in top-knots and white clothes wandering around in the

market-place with perplexed expression, faces wrinkled and ghost-like with worry, wondering what was to happen to-morrow! Their Utopia was no more and it would never come back, no nevermore in time.(K 294)

1) 신 · 구 담론

구한말과 일제강점기로 이어지면서 전반적인 서세동점(西勢東漸)의 분위기하에서 서양문물에 대한 여러 담론이 생겨났고 이는 『초당』과 『압록강은 흐른다』에도 많이 반영되어 있다. 그 가운데 일본과 서양(특히 유럽과 미국)은 다양한 시각에서 논의되었다. 서구 문물이 갑자기 들어오면서 당시에는 '척사위정(斥邪爲政)'을 내세운 보수파와 '동도서기(東道西器)'를 내세운 개화파의 두 양극 사이에서 다양한 스펙트럼의 서구담론이 열띠게 토론되었다.[42]

이러한 상황에서의 신구의 갈등과 식민지 지배자 일본과의 관계는 『초당』에서 다양한 시각으로 묘사되고 있다. 1장에서는 청파는 할머니에 대한 묘사에서 할머니가 "외국인들(foreigners)"을 몹시 두려워했다고 하면서 외국인으로 "왜인(the Japs)"과 서양인(the Westerners)을 동시에 꼽는다.[43] 이때에는 시골의 유생들도 일본이 "야만인"과 동맹을 맺어 한국과의 문화적 인연을 끊었다면서 서양인들을 "야만인(Barbarians)"으로 간주한다.[44] 청파가 살던 시골의 대부분의 유생들은 전통적이고 보수적인 생각에서 새로운 문물의 유입과 일본의 침입을

---

42. 김문용, 「동도서기론의 논리와 전개」, 한국근현대사회연구회 편, 『한국근대개화사상과 개화운동』, 서울 1998, 신서원, 205-279쪽 참조.

43. K 12쪽 참조.

44. "이 왜놈들이 야만인들을 동맹국으로 삼고 모든 문화적인 인연을 끊어버리지 않았던가? 대한민국은 문명인의 도리로 충분히 만족하여 변화를 제의하지 않는다고 황제가 말한 것은 옳지 않은가? Had not those Japs cast off all cultural ties by taking the Barbarians for allies? Was not the emperor right to state that the country of Korea was well satisfied with civilized people's ways and did not propose to change?" (K 119)

격렬하게 거부하는 반응을 보인다. "구식의 보수주의자(old fashioned conservative)"(K 146)였던 서춘의 할아버지나 일본, 서양, 서양 과학까지 모두 거부하는 청파의 아버지가 대표적인 사례들이다.

반면 서울의 정계에서 구한말의 급변하는 정국을 지켜보며 많은 경험을 쌓은 청파의 박사 당숙의 입장은 이와 다르다.[45] 그가 보기에는 근대화도 일본 제국주의의 침략도—청파가 작품 처음에 고향마을 부분에서 마을을 절망적 궁지에 몰아넣었다고 묘사한—"장마진 강물"처럼 이제는 막을 수 없는 것이다.

> 그는 일본의 강한 힘을 알고 있었다. 다른 노인들은 알지 못했다. 일본의 세력은 저 장마 진 강물처럼 한국의 기슭을 덮치는데 일본의 세력은 사실상 일본의 세력이 아니라 서양의 힘이었다.
>
> He understood the strength of Japan—that other elder did not. The strength of Japan was as the torrent, it pounded upon the shores of Korea like that flooded river, but the strength of Japan was not really the strength of Japan, it was the strength of the West.(K 122)

위의 인용문에서 보듯이 이때의 일본에 대한 담론의 특징은 당시의 한국의 문명보다 앞서갔음을 인정할 때에도 이는 순수한 일본의 힘으로 묘사되지 않고 배후에 있는 서양의 힘이라고 묘사되는 데 있다. 이는 식민지 근대화론에서 나타나는 전형적인 분리주의적 견해라 할 수 있다. 그러나 이 같은 상황에서 일본과 서양은 같으면서도 다르게 표상된다. 왜냐하면 이제 쇄국에서 벗어난 한국인들에게 서양은 이제 더 이

45. 앞서 살펴보았듯이 경험이 많은 청파의 당숙은 국가적, 군사적인 것을 서양에서 배워야 한다고 주장한다. 당시에 실제로도 이와 비슷한 주장이 있었다. 예를 들어 1895년 최초로 관립외국어학교가 설립되고 이 학교 안에 1898년 덕어학교를 개설하였는데 설립취지는 조선이 독일의 "세계에 제일이라 할" 만한 "군법과 군제"에 관심이 있었기 때문이다. 이는 고영희가 한 덕어학교의 설립치사에서 살펴볼 수가 있다. 이 인용문과 한국에서의 독일문화의 역할에 대해서는 최윤영, 「한국과 독일」, 임종대 외 편, 『독일이야기 2』, 2000 거름, 345쪽 이하 참조.

상 오랑캐(洋夷)가 아닐 뿐 아니라 일본이 아니면서 일본의 배후의 힘이기 때문에 "홍수가 난 강물에 빠진" 한국의 입장에서는 대안으로서 "구명의 밧줄"이 될 수도 있는 것이다.

> 그는 조심스럽게 결국 서양인들은 비범한 사람들로 아마도 저들의 습성에서 국가적으로 군사적으로 많은 것을 배울 수 있을 것 같다고 말했다. 사람은 신사와 학자의 넓은 마음을 가져야 한다. 서양 사람들은 일본인이 아니니 홍수가 난 강물에 빠진 사람에게 구명의 밧줄이 될 수도 있지 않겠는가?"
>
> Cautiously at the last, he gave his opinion that after all the Westerners seemed an unusual people, and perhaps much could be learned from their ways, national and military. One should keep the open mind of a gentleman and a scholar. The Westerners were not Japanese, and might they not even be as the life-saving rope to the man in the flooded river?(K 120)

이러한 서구와 일본에 대한 분리주의적 견해는 두 가지 결과를 낳는다. 한편에서는 작품의 전체적인 분위기에서 보이듯 일본에 대하여 우월함을 인정하지 않는 것이고, 다른 한편으로는 배후의 힘인 서양과 그들의 문화는 인정하는 것이다. 그럼으로써 근대적 문물 그 자체는 긍정적으로 수용됨을 알려주고 더 나아가 그 본산지인 서양에서 직접 배워야 한다고 강조함으로써 결국 청파가 목표로 하는 서양 유학을 정당화시켜 주고 있다.

2) 일본관

앞서 지적한 것처럼 청파는 한편으로는 한국문화 그 자체를 긍정적으로 묘사하기도 하지만 다른 한편으로는 일본과의 비교 속에서 대조적으로 묘사한다. 일본의 식민지로 알려져 있던 한국을 독립국으로 소개하기 위하여 청파는 당시 미국에 만연했던 일본에 대한 부정적인 대중이미지도 사용하면서 한국의 문화를 전달하는 방식을 택한다.[46] 강용흘이 일본을 묘사하기 위하여 사용한 것은 한국의 전통적인 일본관으로서 특히 '야만국' 으로서의 이미지이다. 일본은 국제사회에서나 한국에서나 한국이 식민지 지배를 받을 수밖에 없는 열등한 야만국이라고 설명해 왔다. 청파는 반대로 『초당』에서 한국인은 "문명인" 으로, 일본인은 "야만인(the savages)" 으로 대입하여 정반대로 서술한다. 화자 청파는 그렇게 보는 근거로 일본에는 "도덕(morals)" 이 다르고 "문명(civilization)" 이 없기 때문이라고 말하고 이는 이미 역사적으로 오래전부터 그렇게 인식되어 왔다고 주장한다.

> 우리나라 사람들은 늘 그들[일본인들]을 야만인이요 미개하다고 생각했다. 그들은 한국인과 비교해 볼 때 새로 생긴 종족이라 그들의 도덕은 우리와 같지가 않았다.
>
> My people always spoke of them[the Japanese] as "the savages," and they were thought to have no civilization. They were new race compared to the Koreans and their morals were not like ours.(K 74)

강용흘은 『초당』 초판에서 일본인에 대하여 비하하는 명칭인 "Japs" (K 4)라는 용어를 사용한다.[47] 즉 한국에서 일본을 비하하는 "왜놈" 이라는 용어를 미국인이 일본인을 비하하는 용어로 번역하여 단어의 의미뿐만 아니라 가치평가도 같이 옮기고 있다.

성인화자 한청파는 미국의 독자들에게 아시아의 근대사를 상세히 설명한다. 그는 한국이 왜 일본의 식민지가 되었는가의 문제나 한국과 중국이 왜 일본과 달리 "서양화" 에 일찍 동참하지 못했는가의 문제를 이들 두 나라의 취약점을 가지고 설명하지 않고 거꾸로 이 두 국가의 오랜 문화와 역사 때문이라고 설명한다. 한국은 4,200년의 역사를 가

46. 이미 1900년대 초부터 한국인들이 하와이의 사탕수수밭에 노무자로 이민가기 시작했지만 이는 10여년 정도 계속되다가 중단되었다. 미국 본토에서는 한국이 거의 알려지지 않았고 그나마 일본의 식민지로서만 인지되고 있었기 때문에 한국을 알리는 것은 중요한 일이었다.

47. 이 용어는 나중에 새 판을 찍을 때 "일본인(Japanese)" 으로 수정된다.

지고 있는 반면 일본은 신흥국가이다. 한국이나 중국이 자기의 고유문화를 가지고 있었기 때문에 다른 문화를 받아들이는 것이 쉽지 않았다면 일본은 거꾸로 이러한 오랜 문화역사가 없었고 또 "선천적인 모방천성"을 가지고 있어서 서양문물, 특히 군사제도를 받아들여서 빨리 신흥국가로 성장했다고 설명한다. 미국의 독자들이 아시아에 대한 전반적인 편견 가운데에서도 일본만은 예외적으로 선진국으로 인정하기도 하던 현실에서 이러한 설명은 분명히 대항적 시각을 담은 견해이다.

극동의 정세에 익숙하지 못한 독자에게는 이상하게 들릴지 모르지만 4,200년 동안 독립해 온 나라 한국은 신흥국가인 일본의 살금살금 끈질긴 침략행위에 직면한 20세기 초에는 참으로 절망적이었다. 그러나 동양에서 일본의 힘은 특히 군비 관계의 재빠른 서양화에 기인한 것이다. 그것은 아마도 전적으로 페리가 들어온 뒤 일본이 철저히 배웠고 또 철저히 개혁할 만큼 유능했기 때문일 것이다. 신흥국가로서 또 선천적인 모방으로 거대한 변화에 열중하여 빌려온 문화를 벗어 버리고 대신 다른 문화를 흡수하는 것은 일본으로서는 쉬운 일이었다. 그렇다. 비교적 쉬웠다. 중국이나 한국 같은 오래된 나라는 그렇지 못했다. 옛 유교문화에 밀착되어 있었고, 또 나라의 역사가 쇠진한 시대에 한국과 중국은 각기 처음 몇십 년 동안 전 세계적 교류에 당면하여 진실로 어안이 벙벙했던 것이다.

It may seem strange to the reader unfamiliar with Far-Eastern politics that, Korea, an independent nation for over forty-two centuries, should have been so helpless those first ten years of the twentieth century before stealthy but persistent encroaching of New Japan. But Japans's strength in the East is due to rapid Westernization, especially in regard to armament. That alone, perhaps, she thoroughly learned, since the time of Perry' s entrance, and is thoroughly competent to proselyte. With the vigor of a younger nation, engaged already in enormous changing, inherently imitative, it is easy for her to slough one borrowed culture and to absorb another in its place. Yes, comparatively easy, as it was not for the older nations, China and Korea. Clinging closely to the old Confucian culture, and each in an exhausted era of their history, they were truly stunned for those first decades of world-wide intercourse.(K 166-167)

한국을 문화국으로 소개하는 한편 아시아 국가들 가운데 분리하여 소개하는 것을 주요하게 여겼던 강용흘은 한국을 다른 동양국가인 중국, 일본과 비교한다. 이때 비교의 준거점은 문화이다. 즉 문자 그대로 문화(文化), 한문 중심의 문화이다. 한국과 중국은 고전과 한문을 중시한다는 점에서 같지만 한국이 "영원한 자연에 훨씬 가깝고 또 더욱 불변하"다는 점에서 다르다. 그에 반하여 이러한 문화를 갖지 않는 일본은 한국과 결코 가깝지 않으며 "벼락출세한 원시인(upstart primitives)"일 뿐이다. 즉 화자는 일본을 "야만인(the savages)"이라는 용어로 도덕적 측면에서 비판할 뿐만 아니라 "원시인(the primitives)"으로 호칭하여 야만을 역사화된 시점으로 보고 있다.

> 동양의 세 민족 가운데 한국이 가장 오래된 보수국가였다. 우리가 중국 고전과 한문의 다양성을 깊이 숭상하였지만 과거의 한국인들은 중국인, 일본인을 포함해서 모든 다른 사람들과 다른 점을 자랑해 왔다. 한국인들은 중국인보다 자기들이 더욱 영원한 자연에 훨씬 가깝고 또 더욱 불변하다고 생각했다. 일본인은 결코 가깝지도 않고 벼락출세한 원시인이라고 생각되었다.
>
> Korea has been the longest conservative of the three separate oriental nations. While very deeply admiring the Chinese classics and many aspects of the Chinese character, Koreans in the past have been proud of their differences from everybody including both Chinese and Japanese. They have considered themselves far closer to eternal nature than the Chinese and more unchanging; the Japanese they have never been close to and have thought of as upstart primitives.(K 149-150)

『초당』에서 사용되는 일본의 식민지 지배에 대한 묘사는 때로는 진지하게, 때로는 풍자적으로 다양한 서술전략을 통하여 이루어진다. 일제 식민정부의 수탈, 교육사업은 억제하고 유흥산업만 장려하는 식민정책, 혹은 농토를 강제로 접수하는 모습 등은 진지하면서도 흥분된 어조로 고발되고 비판된다. 일제의 침략은 청파의 가족에게도 비극을 가져온다. 가족의 가장으로서 존경받던 아버지는 일본 노무자에게 맞고 그 누구도 건드릴 수 없는 가정의 어른인 할머니는 이를 말리다가 역시 부상을 입게 된다. 미치광이 삼촌은 일단 교회와 기독교에서 어지러운 난세의 새로운 질서를 구하지만 "모든 그리스도 교회는 불온의 온상으로 지목되었기"(K 169) 때문에 요주의 인물로 주시를 받다가 105인 사건으로 구속된다. 일제의 만행은 무엇보다도 신체에 대한 직접적인 폭력인 고문을 통해 가장 적나라하게 묘사된다. 광인 삼촌은 무고하게 감옥에 갇혀 일본인에게 고문을 받게 되고 결국 폐인이 된다.[48] 일본의 야만성은 진지하거나 엄숙하게 혹은 비분강개조로만 묘사되는 것이 아니라 때로는 풍자적이고 유머러스하게 조롱을 받는데 예를 들어 문란한 성문화를 보여주는 형수와 간통한 일본인 에피소드를 들 수 있다.[49] 또한 서술자는 풍류문화를 비교하면서 조선의 기생들이 기생교육을 받은 예인 계층이었던 반면 일본의 기생들은 이러한 점이 결여된 단순한 유흥가의 여성이라고 비판하기도 한다.[50]

3) 서양관

제2부는 한국이 일본의 식민지배에 들어간 상황에서 시작된다. 특기할 만한 것은 제2부를 여는 장의 제목이 〈서방의 별〉로서 선교사들에 대한 묘사로 시작한다는 점이다. 이는 조국의 패망과 더불어 비탄과 절망으로 끝난 제1부 마지막 장에 이어 제2부에서 주인공 한청파에게 서양이 희망으로 떠오름을 상징적으로 보여준다. 이 작품의 후속편인 『동양인 서양에 가다』에서 드러나듯이 청파가 일본의 압제를 피해 간 미국도 결코 자유와 풍요의 나라는 아니었고 미국의 현실은 빈부의 격차, 물질만능주의, 가난, 인종차별 등의 많은 어려움 가운데 묘사된다. 그

48. K 281쪽 참조.
49. K 74쪽 이하 참조.
50. K 94쪽 이하 참조.

러나 『초당』에서는 아직 미국의 실제 현실이 다루어지지 않고 구한말 한국에서 논의되었던 서양에 대한 담론의 틀 안에서 미국관을 주로 다루고 있기 때문에 전반적으로 긍정적으로 묘사된다.

광인 삼촌도 "야만인" 일본에 반대하여 서양 종교에서 "잠시 옛 이상향"(K 166)을 찾기도 하였지만 서양은 주로 스승 박수산을 통하여 이상적인 나라로 묘사된다. 국가적으로나 개인적으로 암울한 상황에서 서양의 신학문과 과학은 청파에게 새로운 희망으로 대두된다. 아버지의 반대를 무릅쓰고 그는 새로운 신식학교에 다니게 되고 거기에서 "예언자(prophet)"(K 172)와 같은 진보적 성향의 민족주의 교육자 박수산을 만나게 된다.[51] 그에게 박수산은 새롭게 구체적인 길을 제시해 주는 학문적 스승이자 인생의 스승이다. 그는 전체 서양의 학문을 완전하게 배울 것을 주장한다.

> 한국은 지금 재생하기 시작했다고 그는 말했다. 그러나 우리는 결코 우리 앞에 놓인 과제를 잊어서는 안 된다. 전체 서양의 학문을 완전하게 배워야만 한다. 이런 말들을 할 때 그는 예언자 같았다[…].
>
> Korea was just beginning to live again, he said. But we must never forget the task before us. We must master the entire learning of the West. He was like a prophet when he said this [...](K 180)

그때 한청파는 일제를 통해 들어온 서양식 교육에 새로운 "정열," "갈망"을 쏟으며 새로이 박사의 꿈을 불태우게 된다. 더불어 서당과 유교 서원으로 대변되는 구교육과 구문화, 구한국은 "과거"로 물러간다.

> 오래된 유교 서원은 내 마음 속에서 과거로 물러갔다. 그것은 내가 만유인력

51. '영웅(hero)'이나 '예언자(prophet)' 모티브는 『초당』에서 중요한 역할을 한다. "영웅"에 대한 청파의 꿈은 자주 등장하는데 예를 들어 작품 서두에서 자신의 글쓰기 방식을 밝힐 때 한청파가 꿈꾸는 영웅들의 이름이 나열되었고(K 3쪽 참조), 어린 청파가 두 친구를 모아 미래를 맹세할 때도 영웅이 언급된다(K 22쪽 이하 참조).

의 법칙과 보일의 법칙을 배우고 또 모든 다른 법칙을 배운 이후로는 마치 투우처럼 혹은 일종의 브리지 게임처럼 더욱더 쓸모없어 보였다. 링컨과 나폴레옹의 생애와 세계 지리에 대한 공부가 때때로 현기증을 일으킬 정도로 내 정열에 불을 붙였다. 나의 안쪽 세계와 나의 바깥 세계, 수세기 동안 깊이 뿌리를 내리고 푸른 대지 속으로 내려앉은 외딴 한씨네 마을과의 대조는 나를 숙고하고 또 숙고하도록 자극하였고 나는 더욱더 굶주린 듯이 갈망 속에 살았다.

The old Confucian school receded to the past, in my mind. It seemed to me more and more useless, as a bull-fight or a game of contract bridge, since I began to learn the law of gravitation, and Boyle's law and all the other laws. The study of the lives of Lincoln and Napoleon, and the geography of the World kindled my enthusiasm until sometimes I seemed just to be dazzled by stars in the head. The contrast of my inner world—an expanding cosmos that would admit no boundary—and my outer, that secluded village of the Han, with roots many centuries deep, growing down into the green earth, stimulated me to speculate and to speculate, and still I lived as in the starvation for more.(K 183)

"더 이상 배울 것이 없었던" 청파는 고향마을을 떠나 서양식 교육을 계속 받기 위하여 서울로 가게 된다. 그러나 일제가 새로 세운 서울의 관립학교는 여러모로 그의 기대에 부응하지 못한다. 무엇보다도 '식민지 근대화' 교육의 목표는 그를 실망시킨다. 신식학교는 근대 제국주의 국가 일본과 "일본 천황의 충성되고 착한 신민"을 길러내는 것이 목표였고 이는 청파의 거부감을 불러일으킨다.

교육의 근본 원리는 일본 천황에게 충성하는 선한 신민을 만드는 일이다. 그대들은 선한 일본인이 되도록 아주 열심히 공부해야 한다.

The essential principle of education is the making of loyal and good subjects to the Japanese emperor. You must try very hard to be good Japanese.(K 215)

교육 원리뿐만 아니라 신식학교에서 가르치는 각 학과목의 교육 내용에서도 중국 고전이나 서양 학문을 매우 피상적으로 다루었기 때문에 청파는 크게 실망을 하게 되고 결국 청파는 미국으로 가기로 결심한다.

> 그들은 중국 고전에 대한 것과 마찬가지로 서양 학문에 대해서도 수박 겉핥기식이었다. 나는 내가 원하는 교육을 받기 위하여 곧장 미국으로 가야 했다.
> I felt that they were as superficial about their Western learning as they were about their Chinese classics. I saw in order to get my education I must go to America right away.(K 221)

수백 년 동안 가문에서 내려온 "학문에 대한 굶주림"(K 208)을 가진 청파가 할 일은 한국을 침략할 정도로 단시일 내에 일본을 부강하게 만든 서양 문물을 본고장에서 배우는 것인데 청파에게 서양은 미국으로 구체화된다. 청파는 서양 학문을 개인적으로는 박사의 꿈을 이룰 수 있는 장으로, 한민족 전체의 입장으로는 한국의 국권을 다시 찾을 방책으로 여겼다. 이렇듯 서양담론에서 개인적 야망과 민족의 갱생이라는 이중의 목적이 잘 맞물린다. 청파가 스승인 박수산과 나눈 대화가 이를 잘 보여준다.

> "어떻게 한국인이 다시 잘살 수 있을까요?" 나는 아버지가 하신 말씀을 되풀이하여 말했다. "이렇게 당하는 마당에."
> "한국인은 바로 지도자를 기다리고 있다." 하고 그는 엄숙하게 말했다. "서양 교육을 받은 지도자, 서양의 진보적인 이상을 가진 지도자를 말이다." 이런 말은 내가 오랫동안 애타게 기다렸던 말이었다. 나 또한 서양 지식에 매혹되어 있었기 때문이다.
> "일본은 서양 과학으로 한국을 정복하였다. 우리는 그 과학의 뛰어난 지식으로 우리의 자유를 되찾아야 한다." 하고 박수산은 말했고 나는 그의 말에 동의했다."
> "How can the people of Korea ever be happy again?" I echoed my father's words. "When this is how they are treated?,"
> "They are just waiting for leaders," he said solemnly, "they are waiting for leaders, leaders with Western education, Western ideals of progress."

These were words I had long been hungering for. I too was fascinated by the knowledge of the West.

"Japan has conquered Korea by Western science. We must regain our freedom by a superior knowledge of that science," Park Soo-San would say, and I would agree.(K 181)

이 장면에서 "서양지식," "서양과학"은 한편으로는 일제가 한국을 식민지화하는 도구였지만 다른 한편 한국의 "생명(life)"과 "행복(happiness)"과 "자유(freedom)"를 되찾아줄 도구로 이해된다. 스승과 제자는 이 점에 동의했고 이제 청파는 "이 목표를 향해 달"리기 시작한다(K 173). 그래서 대시인을 위해 죽을 각오를 했던 광인 삼촌처럼 청파는 철저하고 열정적으로 신학문에 매진한다. 청파는 이제 일본을 배제시키면서 학문이 서양에 있고 그의 인생의 목표인 "학자로서 장래 대성하는 길"은 "바로 일직선상의 두 점 사이의 최단거리"처럼 미국에 있다고 이야기한다.[52]

언젠가 그는 내게 장터의 그 괴상한 선교사의 고국인 미국 이야기를 했다. 박수산은 과거에 등을 돌리고 미래에 전진하고 싶은 마음에 자유주의적인 그리스도인이 되었다. 그 당신 이와 같은 일은 매우 과격한 행동이었다. 가능한 많은 사람이 받도록 한 미국에서의 교육은 그가 늘 주장하던 필수요건이었다. 일본은 그 곳에 관비유학생들을 보냈다. 중국 역시 그랬다. 오직 한국만이 거기에 할당을 받지 못했다. 나라가 새로운 길을 열기 전에 국권을 약탈당했기 때문이다. 그렇다. 지금 한국은 보수주의 때문에 벌을 받고 있다. 누구든 가능하다면 미국으로 가야 한다. 또는 수단이 있는 애국적인 개인 시민의 도움을 얻어서 누구라도 가야 한다. 미국의 큰 대학에 얼마나 매력을 느꼈던가. 미국교육은 소수를 위한 것이라고 그는 역설했다. 그 소수가 값진 대가를 받을 것이다. 그는 내게 학자로서 장래 대성을 위한 길은 일직선상의 두 점 사이의 최단거리처럼 미국 쪽에 있다고 알려주었다.

---

52. 옥동야는 청파의 생각에 동조한다. "서양학문에도 그 박사가 있음이 틀림없어. 그리고 네가 박사학위를 얻는 것이 네 운명이라고 생각해."(K 179)

At another time he spoke of America to me, America, the home of those queer missionaries of the market-place. Park Soo-San had become a liberal Christian, wishing to turn his back on the past, and his face toward the future: it was a very radical thing to do at that time. An education in America, for the greatest possible number, was the desideratum he always preached. Japan had government students there. China had too. Only Korea had not her quota there, because her national rights had been stolen before she could get the new ways. Yes, now Korea was being punished for her conservatism. Any who could must make their way to America. Others must go by the help of patriotic private citizens who yet had the means in hand. What glamour he cast over the great colleges in America, which held all that the West had ever thought or known, and the latest means for giving it in the diploma packet by the wholesale. An American education was for the few he preached; those few would reap the golden reward. He made me see that the road of a scholar's future prominence lay toward America like the shortest distance between two points... in a straight line.(K 182)

그러나 이러한 새 길은 전통을 고수하고 일본과 일본적인 것뿐만 아니라 동시에 서양의 과학문명을 증오하고 거부하는 아버지와의 갈등을 야기한다. 아버지는 박사는 "서양마술(Western magic)"로 얻어지는 것이 아니라 동양의 "고전(classics)"을 열심히 공부해서 얻는 것이라는 전통적, 보수적 유교 교육관을 고수하였고 일본이나 서양이나 모두 한국에서 물러나기를 바란다.[53] 그러나 청파는 이러한 고립된 이상향을 이미 지나간 것으로, 시대착오적인 것으로 보고 신식학교에 다녀 적극적으로 새로운 문물과 문화를 배우려 한다. 결국 이러한 시도 때문에 주인공은 아버지와의 심각한 "절망적인 불화" 관계에 들어선다.

이렇게 하여 아버지와 나 사이에는 절망적인 불화가 시작되었다. 어쨌든 아버지 생각에 따르면 어떤 수단을 쓰든 간에 모든 외국인이 한국을 떠나야 한국은 태평성대를 맞을 수 있으며 이전처럼 태고적 고유문화와 태고 이래의 조화로 만

53. K 144쪽 참조.

족하게 된다는 것이다. 고요한 아침의 나라는 국민이 늘 일컫는 바와 같이 사라져 가는 중이요, 결코 되부를 수 없고 고립된 이상향은 오늘은 존재하지 않는다는 것을 아버지는 알 수가 없었다.

So the hopeless disagreement between my father and myself began. According to his view, somehow, by some means, the foreigners could all be made to leave Korea, she would return then to her days of golden peace, satisfied as before with her peculiar culture of an immemorial age and an antique harmony. He could not see that the Land of Morning Calm, as her people used to call her, was in process of passing, never to be recalled, and that isolated Utopias do not exist nowadays.(K 155-156)

이 불화가 결국 가출로 이어지는 결정적인 계기를 제공한 것은 청파의 단발이다. "전통의 굴레"에서 벗어나고 새로운 문물에 매진할 청파는 "세례 같은 것"을 원하고 "서약"이자 "상징"으로 자신이 그때까지 기르던 긴 머리를 자른다. 이에 스승 박수산은 그에게 서양 모자를 선물한다.[54] 이는 청파에게는 "거의 위대한 박사의 모자나 다름없었으며 또 서양의 학위를 받으며 서약하는 학자임을 의미하기도 했다"(K 183-184). 이는 전통과 단절하고 "서양학문과 서양의 모든 것"을 지향하는 그의 새로운 각오에 대한 상징이지만 집안에서는 "재난(catastrophe)"으로 받아들여진다(K 186).

나는 아버지나 할머니에게 물어보지 않고 박수산이나 다른 소수의 사람들처럼 머리를 짧게 깎았다. 나는 세례와 같은 일을 하고 싶었다. 그것은 내게는 전통의 끈을 끊어 버리는 상징이요, 나 자신을 서양 학문과 서양이 주고 또 가르쳐야 할 모든 것을 향해 나를 바치겠다는 서약이기도 했다.

I cut my hair off short, like Park Soo-San's and a few others, without asking my father or my grandmother. I wanted to do something like a baptism. It

---

54. 구식교육과 옛 한국문화의 몰락은 서양 선교사의 집에서 일하는 정원사가 고물상에서 구한 "진짜 박사모자" 에피소드에서도 나타난다. "이 노인은 어떤 말보다 더 분명하게 한국인 박사는 더 이상(문자 그대로 이 세상의 모든 것을 다 아는 학자 세계) 존재하지 않는다는 것을 보여주었다."(K 212)

was symbol to me of breaking away from the bondage of tradition, my oath, that I had set myself toward Western learning and all the West had to give and to teach.(K 183)

서양 문물과 문화에 도달하려는 청파의 노력은 동시에 아버지가 상징하는 가문과 전통의 굴레에서 벗어남을 의미한다. "나는 언제나 독립하기를 원했다."(K 188) 이러한 배경에서 청파가 드디어 "서울과 넓은 세계와 기대하는 모든 학문"(K 179)을 위하여 고향을 등지고 홀로 서울로 "천리길"을 떠날 때 자신의 모습을 어떻게 묘사했는가는 그가 어떤 문화적 배경에서 성장했는지, 당시의 혼란기에 어떤 다양한 문화적 요소들이 이 인물을 통하여 서로 엇갈려 혼합되고 있는가를 잘 보여주고 있다.

나는 아버지가 삼은 짚신을 신었다. 등에는 미치광이 시인 삼촌이 붓으로 쓴 유명한 중국 시인과 한국 시인들의 시선 두 권과 공책과 붓과 먹을 메었다. 깎은 머리에는 박수산이 준 서양식 모자를 썼다. 그리고 나는 마을을 뒤로 남겨두고 큰 길로 나가 서울을 향해 갔다.

I was wearing straw shoes ... by my father. On my back I carried an anthology in two volumes of great Chinese and Korean poets written in my crazy-poet uncle's caligraphy, a notebook, and pen and ink. On my shorn head was the Western hat given by Park Soo-San. And now I was out on the highway leaving the village behind me, my face toward Seoul....(K 191)

보수적인 가장 아버지가 삼은 짚신을 신고, 한때 그의 유교 교육에 있어서 우상이었던 광인 삼촌 및 유명 동양 시인들의 시선집과 북과 먹을 등에 메고 그는 태어난 마을, 구식 교육의 고장을 등지고 떠난다. 과거와의 분명한 단절을 의미하는 그의 깎은 머리에는 미래의 새로운 교육을 상징하는 서양식 모자를 쓰고 있고 마을을 뒤로 하고 큰 길로 나가 그는 새로운 곳으로 떠난다.

4) 3 · 1운동과 미국행

〈만세〉는 한국의 3 · 1운동을 주제화하고 있는 거의 보고서적인 성격을 띠고 있는 장이다. 귀국 후 『천로역정』을 번역하러 서울에 와 있던 청파는 3 · 1운동과 관련한 연락을 받게 된다. 청파는 태상왕의 의문사를 3 · 1운동의 직접적 계기가 된 사건으로 해설하는데 그는 순택의 뒤를 따라 이 만세운동에 직접 참여한다. 화자는 이 기미독립운동을 다각도로 보고한다. 파고다 공원 안의 독립선언서 낭독에서부터 독립선언서와 공약삼장의 전문을 인용할 뿐만 아니라 이 운동이 어떻게 실제로 전국의 시골에 이르기까지 전 국민이 참여한 만세운동으로 퍼져나갔는지를 상세하게 서술한다. 때로는 단순한 농민의 반응을 전달하기도 하고 때로는 죽고 부상당하는 한국인의 반응과 감옥에서의 잔인한 고문을 보고하며 때로는 외국 선교사의 입을 빌어 제암리 사건을 보고하는 등 여러 각도에서 3 · 1운동이 조망되고 있다. 묘사에 있어서 전반적으로 화자가 강조하는 것은 진압하는 일제의 비인간적인 잔인함에 비해 만세운동이 처음부터 끝까지 평화운동으로 전개되었다는 것이다.[55] 이 장의 의의는 화자 스스로가 다음과 같이 밝히고 있다.

> 혁명은 계속되었고 고문도 계속되었다. 그 둘은 사실상 오늘날까지도 계속되고 있다. 한쪽은 평화주의자들이고, 또 한쪽은 무장하고 고문을 한다. 그러나 당시 시위는 베르사유에 앉아 있는 강대국에게 알려졌으면 하는 소망에 의해 고무되고 있었다. [···]
>
> 그러나 이것은 정말로 사실이다: 전 국민은 아주 무식한 사람들이나 매우 지체 높고 보수적인 사람들까지도 국제적 도덕의 정신을 이해하고 그것을 믿었으며 그것을 위해 죽을 각오가 되어 있었다. 그들은 비합리적이었다. 정말로 중세 유럽의 십자군 같았다. 그렇다, 신앙의 파도에 휩쓸린 전 국민은 평화조약의 다

55. 신복룡은 켄달의 『한국독립운동의 진상』이 이러한 상황에서 서방세계에 한국의 입장과 일본의 만행을 고발하고 있다고 쓰고 있다. 켄달 같은 경우 비폭력 무저항운동은 큰 실수라고 지적한다. 신복룡, 앞의 책, 204쪽 이하 참조.

음과 같은 구절을 위해 순교자로 몸을 바칠 각오가 되어 있었다.

"약소민족의 자유를 위해, 강대국이 약소민족을 지배하지 못하게 하기 위해."

The Revolution continued, the tortures continued: both in fact are going on to this day, one pacifist, the other armed and using the "third degree." But at that time, the demonstration was inspired by hopes of reaching the ears of the Big Powers sitting at Versailles.[...]

But this is really the fact: throughout the country the people, even the very ignorant people, even the very high and conservative people, caught the spirit of an international morality and believed in it and were ready to die for it. They did not all rationalize. It was lake the Crusades in the Middle Ages of Europe. Yes, the whole people swept by a wave of faith were ready to die martyrs for that clause in the Peace Term: "To provide for the freedom of small nations, to prevent the domination of small nations by big ones." (343-344)

작가가 3 · 1운동에 대한 〈만세〉장을 삽입한 목적은 상당히 분명하게 드러나는데 한일합방은 한국인의 자유로운 의지에 따라 평화롭게 이루어진 것이라는 일본의 주장을 국제적으로 반박하는 것에 있다. 실제로 당시 일본은 한국 내의 영자신문과 잡지들을 통하여 3 · 1운동의 의미를 축소하고 폭동으로 왜곡하였으며 외국인의 시각을 현혹하고자 시도하였다. 청파는 이러한 상황에서 일본인의 주장과 반대로 이 만세운동은 무력투쟁을 의도적으로 포기한 비폭력 저항운동이었다는 점을 강조하여 내국인의 시각을 부각시킨다.

5) 미국으로

한청파는 작품의 후반부에 가면서 일본과 서양에 대한 견해의 변화를 보여준다. 그는 식민지배자로서의 일본이 아닌 일본에 대하여서는 앞서와 조금 다른 견해를 피력하게 된다. 그런 점에서 그의 일제 비판은 일정 부분 상대적이라고 할 수 있다. 한국의 식민지배자로서는 아주 야만스럽고 잔혹한 면에 주로 주목한 반면 본토의 일본은 수정된 시각에서 묘사한다. 그는 동경에서 일본인의 우아하고 조화로운 면, 공손한 면을 보았고 강한 편견을 버리고 좀더 객관적 시각에서 좋고 나쁜 것을 다같이 보기 시작하였다고 보고하며 그 곳에서 "야만 정신(savage spirit)"은 보이지 않았다고 기술한다.

> 그렇다. 나는 이 사람들의 모습과 옷과 신이 우아하고 조화롭게 보인다고 인정하지 않을 수 없다. 그들은 이미 한국에서 본 것처럼 거칠거나 우습게 보이지 않았다. 모두들 내게 공손했고 미소를 지었기 때문에 나는 일본에 대한 강한 편견을 버리고 그들도 한국인과 같이 어떤 것은 좋고 어떤 것은 나쁘다고 생각하기 시작했다. 도쿄에서는 일반 공무원에게 나지막하게 높임말로 말하는 데 반해 공무원은 높고 오만하게 대답하는 것을 제외하고는 도쿄에서 일본인들의 야만 정신은 눈에 띄지 않았다.
>
> Yes, I had to admit, the shapes and robes and sandals of this people now looked graceful and harmonious: they no longer seemed rude and ridiculous as in Korea. As everybody was polite and smiling to me, I began to lose my strong prejudices against the Japanese, and to see that they were like the Koreans-some good, some bad. In Tokyo their savage spirit was not noticeable, except that everyone must speak in a low respectful tone to any official, who answered back with high imperious voice.(K 236)

이러한 묘사는 민족주의보다는 세계시민주의에 점차 끌리게 되는 청파의 시선을 미리 보여준다고 할 수 있다. 청파의 개인주의적 성향은 서울에서도 이미 싹이 나타나고 있다.

> 나는 일본인도 미국인도 유럽인도 아무것도 될 마음이 없었다. 나는 가능한 한 모든 것을 배워서 나 자신이 되기로 결심했다.
>
> I did not intend to be anything I was not, neither Japanese, nor American, nor European. I intended to learn everything I could and be myself.(K 215)

『초당』에서 특이한 부분이 바로 일본 유학기이다. 이 작품의 대부분의 내용이 작자의 개인사와 일치한다면 이 부분만은 창작으로 여겨지고 있다.[56] 이 일본 유학 부분이 갖는 의미는 크다. 일본 유학을 통해서 변하게 된 청파의 일본관과 서양관의 변화를 볼 수 있기 때문이다. 일본이 정신적으로 위대한 국민이라고 생각하지는 않는다는 청파의 견해는 전반적으로 변함이 없지만 그는 이제 일본과 서양을 분리하는 시각에서 벗어난다. 일본 유학 이전의 한청파의 일본관과 서양관은 '식민지 근대화'의 전형적인 특징을 보이고 있었다. 일본과 일본을 가르친 배후의 서양 문물이 그 근본이 같음을 알면서도 일본은 한국의 직접 식민지로서 부정적인 평가를 받고 서양은 그와 달리 긍정적 평가를 받는다. 그래서 일본은 정치적, 사회적, 경제적으로 한국을 수탈하는 식민제국의 모습으로 나타날 뿐만 아니라 한국의 전통적 평가에 근거하여 야만국으로 서술되었다. 그 반면에 일본에 근대문물을 가르쳐 준 서양은 일본제국주의와는 다르며 더 나아가 한국의 독립을 가져다 줄 문명국으로 소개되었다.

그러나 청파의 일본관의 변화는 위에서 보다시피 — 다소 유보적인 — 긍정적인 실제 일본 체험 때문만이 아니라 서양에 대한 더 큰 실망에서 유래한다. 그는 이제 "소위 문명(so-called civilization)"을 상징하는 과학과 기술을 다른 시각에서 보게 된다. 이러한 청파의 시각은 사실은 작품을 자세히 관찰하면 처음부터 부분적으로 암시되고 있다. 예를 들어 서양문물에 푹 빠진 주인공 청파가 신학문에 매진하지만 성인화자는 이와 거리를 두고 그때는 아직 서양의 도덕이 의심스러운지 사람들의 삶을 톱니바퀴처럼 쳇바퀴 돌리게 만드는지 모를 때였다라고 말하기 때문이다.

> 동양의 현자들처럼 나는 그 국민들이 살아온 도덕적인 모호함이나 또는 그들의 삶의 톱니바퀴를 이루는 산업적, 기계적 흐름도 모른 채 그리스도교 문명의

---

56. 때문에 허점도 많이 노출이 되는데 이광수 같은 경우 시모노세키를 나가사키로 오인하고 있음을 들으면서 실소를 금치 못한다. 이광수, 앞의 글, 368쪽.

별로 인도되었다.

As the wise men of the East, I was led on by the star of Christian civilization, unaware then of the moral ambiguity in which its peoples live, or its industrial, mechanistic trend which makes cogs of their lives.(K 183)

청파가 유학을 간 일본의 수도 동경은 이제 아시아 근대화의 중심지로 아시아 각국에서 다양한 부류의 유학생들이 와 있다. 이 유학생들의 대화에서도 신·구의 변화가 확인되며 더 이상 동양의 고전이 아니라 다윈과 민주주의가 화제가 된다.

헤아릴 수 없이 오랫동안 극동의 교양인들 사이에 가장 많이 논의되었던 주제는 언제나 고전적인 기준을 따른 문학과 예술이었다. 이제는 그것이 서방에서 도입된 정치나 과학이나 사회주의나 어떤 신기한 사상으로 바뀌어졌다.

For innumerable generations the most popular subject for discussion in the Far East among the educated was literature and art, always by classical standards. Now it turned to be politics or science or socialism or some novel idea imported from the West.(K 242)

청파의 특별한 관심은 근대화의 시작이라 할 르네상스시기에 놓인다. 그는 "현대과학의 씨앗"이 있고 "서양 권위의 비밀"이 있는 이 시기에 매혹당하고 그의 영웅은 이제 영국의 셰익스피어와 이탈리아의 미켈란젤로로 바뀌었다. 그러나 세계대전이 발발하고 그들 스스로가 자신들의 크리스트교 문명과 르네상스의 업적을 파괴하고 싸우는 것을 목격했을 때 "서양인의 위선(hypocrisy of Westerners)"(K 255)을 인식하고 청파는 서양문명에 대하여 커다란 충격을 받게 된다.

그때 세계대전이 일어났다. 나는 신문에서 수백만 명이 죽었고 2천 년 동안 축적된 기독교 문명이 파괴되고 있다는 기사를 읽었다. 영국에서는 전투를 믿지 않는 모든 사람들이 어떻게 감옥에 갇혔는지를 읽었다. 그렇다면 서양은 그들이 말하는 것처럼 행동하지 않는 것이 아닌가! 그들은 동양과 똑같이 나빴다—아니, 동양보다도 더 나빴다. 왜냐하면 동양은 "우리 기독교는 절대적으로 옳다.

너희들은 이교도들이고 너희들의 성현들은 옳지 않다. 너희들은 왜 우리의 본보기를 따르지 않는가?" 라고 말하면서 선교사들을 보내지는 않았기 때문이다.

Then the World War came. I read in the newspapers that millions were killed and the Christian civilization that had been accumulating for twenty centuries was being destroyed. I read how all men who did not believe in fighting were made prisoners in England. I read about works of art, great cathedrals built before the time of the Renaissance, destroyed by guns forty miles away. So the West didn't act what they said! They were just as bad as the East, — or worse, for the East dind't send out missionaries, saying, "Our Christianity has the superior righteousness. You are heathen and your sages are no good. Why don't *you* follow *our* example?" (K 254-255)

청파는 서양의 근대와 일본의 근대를 구분하던 이제까지의 입장에서 벗어나 서양과 일본을 같은 맥락에서 바라보게 된다. 청파는 이제까지 서양의 기술문명 자체를 비난한 것이 아니었고 일본이 한국을 침략할 때 그것을 잘못 적용했다고 비판했었는데 이제는 서양의 기술이 각국가 간의 전쟁에 사용되고 살인기술로 이용됨을 알게 되어 더 이상 아무런 차이가 없음을 인식하게 된 것이다.[57] 이는 '계몽의 변증법' 에 대한 인식이라고 이해할 수 있다. 본인이 과거에 추론했던 서구의 문물이 수명을 늘이고 삶을 개선하는 데 도움이 되는 것이었다면 지금 전쟁에서 그가 알게 된 것은 서구문물은 그가 갈구했던 "정신의 우위" 나 "학문의 우위" 를 뜻하는 것이 아니라 "전쟁" 관련 기술만 개선된다는 절망적인 사실이며 결국 모든 것이 같은 연원에서 나왔다는 절망감이 그를 엄습한다. 그 점에서 서양은 이제 "작은 야만인의 나라(land-of-the-little-savages)" 인 일본과 다를 바가 없으며 "도덕적으로 타락" 한 문명으로 인식된다.

내가 전에 추론한 서양은 죽음을 줄여 수명을 늘였고 발명과 기계의 진보에

57. K 255쪽 이하 참조.

의해 삶을 더욱 개선해 나갔다. 그러나 이제 그들은 구제받은 생명을 무더기로 살해하고 있었다. 개선되는 것은 모두 전쟁에 관한 것뿐이지 정신의 우위나 학문에 관한 것은 아니었다.

The West I had reasoned before, makes life better, because it reduces death, and adds to the refinements of life by inventions and mechanical improvements. But now they were killing in wholesale business the life that was saved: it seemed to me that the refinement was all in warfare, not in high superiority of mind, or in scholarship.(K 257)

이러한 실망은 그로 하여금 자살을 시도하게 만들 정도로 큰 것이었다.[58] 할머니를 기억하고 가까스로 자살충동에서 벗어난 그는 점차 세계시민주의로 경도되게 된다. 서울을 떠나올 때부터 이미 남과 다른 독립심을 보여주었던 한청파는 이때 상당히 분명하게 개인주의적인 인생을 걸어갈 것을 결심한다.[59] 그는 박수산을 다시 만나게 되며 박수산의 서양관과 인생관이 바뀌었음을 보는데 더불어 자신의 변모도 확인하고 있다. 이제 "좁은 민족주의"가 아니라 "최고의 사상"에 관심을 가지고 원한도 편견도 없고 폭이 더 넓고 더 관용적인 사람으로 스승이 바뀐 것이다.

나는 그가 더욱 폭이 넓고 더욱 관용적인 사람으로 성장했음을 알게 되었다. 그가 생각하는 것은 좁은 민족주의가 아니라 최고의 사상에 관한 것이었다. 그는 원한도 편견도 가지지 않았고 일본에 교양 있고 자유로운 일본인 가운데 개인적으로 많은 친구들을 가지고 있었다.

I perceived that he had grown always wider, more tolerant. What he felt was no narrow nationalism, now, nut he was always for the superior idea. He had no grudge nor prejudice and retained many personal friends in Japan

58. "나는 서양의 학문을 의심하기 시작한 이 시점에서 나의 생애를 끝내는 것이 보다 완벽할 것이라고 생각했다"(K 260).

59. 다른 대목에서는 "비극과 염세주의를 잊어버리고 고독감을 극복하기 위해 이번에는 어디로든 공부하러 떠나고 싶은 마음이 얼마나 간절했던가!"(K 292)라고 적고 있다.

among the more cultivated and liberal Japanese.(L 348)

서양문물의 진상을 겪은 청파는 더 이상 미국을 신비롭게 혹은 긍정적으로만 보지는 않는다. 그럼에도 불구하고 그는 한편으로는 "폭넓게 인생을 공부하기 위하여(for world-wide study of life)" (K 342) 또 다른 한편으로는 일제의 박해를 피해 "무덤(grave)" (K 301)이라 생각된 아무런 희망이 없는 한국을 떠나 미국행을 추진하고 많은 어려움 끝에 성공한다. 미국으로 가는 뱃전에 서서 자신의 과거를 상기하는 청파는 "무한한 가능성과 희망과 축복"의 물결 위에서 자신의 행동으로 꿈을 실현하겠다고 다짐한다.[60] 이때 자신의 미래와 관련된 하나의 상상이 펼쳐지고 새로운 삶의 희망은 그가 이전에 일본에서 귀국할 때에 본 한 여인으로 구체화된다. 그는 더 이상 찾을 길 없는 "환상의 여인"과의 사랑에 그의 장래의 희망을 덧붙인다. 드디어 한국을 떠나 미국으로 향하는 뱃전의 청파에게 그 여인은 자신처럼 고독하고 국적이 없는 여인으로 떠오른다. 이 여인은 그가 추구하려는 "서양학문"의 상징이요 "뮤즈"이며 그가 꿈꾸는 동양과 서양의 조화를 상징화하고 있다.[61] 이러한 희망과 더불어 『초당』이 끝난다.

그녀는 나처럼 고독하고 국적 없는 여인 같다. 그녀는 서양인인가, 동양인인가? 중국인인가, 일본인인가, 유럽인인가, 미국인인가? 이제 그녀는 홀로 금선을 튕기고 거기에 맞추어 내 마음이 춤춘다. 그녀가 선 채로 밤을 들여다보던 때의 그 모습 때문이다. 그녀의 눈 역시 아득히 먼 저쪽의 별들을 향해 있다. 그리고 그들은 은하수 저쪽에서 나를 보려고 움직인다. … 환상의 여인이 나와 한배를 타고 함께 미국으로 가다니, 과연 있을 수 있는 일인가?

She seems isolated like myself, a woman with no nationality. Is she of West or East? Is she a Chinese or a Japanese? Is she European or American? Now she alone touches the chord to which my heart dances, because of how she

60. K 366쪽 이하 참조.

61. K 278쪽.

stands and looks into the night. Her eyes too are on the far off stars. And from the milky way they move to look at me. ... Is it possible that the Princess Immortality is in the same boat going with me to America?(K 367)

4. 『초당』의 한국어 번역

강용흘의 『초당』은 김성칠에 의하여 처음 번역이 되어 1848년 금룡도서에서 출판되었고 그 이후 한동안 새로운 번역이 나오지 않다가 문학평론가이자 번역자인 장문평이 1977년 정한출판사(1993년 이후에는 범우사)에서, 영문학자 유영이 1994년에 혜원출판사에서 출판하였다. 이후 두 번역자의 번역작품들은 다른 출판사에서 계속 출판되고 있다. 김성칠은 번역 동기를 "전쟁 전에 읽은 가장 감명 깊은 작품"이라고 밝히고 있으며 장문평은 독서한 감상을 "마치 진흙 속에 버려졌던 보물을 다시 발견한 듯한 기쁨"이라고 쓰고 있고 유영은 번역 동기를 "한 시대를 울리는 걸작," "후세에 조국을 길이 빛낼 걸작"이 "거의 무관심에 가까운 태도로 방관하는 형편"을 안타깝다고 개탄했기 때문이라고 말하고 있다.[62]

각 역자들의 번역에 대한 번역비평은 이 글에서 다룰 수 있는 한계를 넘어서기 때문에 여기에서는 소제목의 번역과 대표적인 번역 예를 중심으로 간략하게 특징만 지적하고 넘어가도록 하겠다.[63] 각 역자들이 번역한 『초당』의 소제목을 아래에서 원문과 함께 1부는 김성칠, 장문평, 유영의 순으로, 2부는 장문평, 유영의 순으로 열거하였다.

---

62. 강용흘, 『초당』, 유영 역, 앞의 책, 6-7쪽 참조.
63. 김성칠, 장문평, 유영의 번역을 비교하는 번역비평도 상당히 흥미로운, 앞으로 기대되는 작업이다. 장문평과 유영의 번역은 많은 오류가 보이는데 앞으로 개선된 번역이 필요하다. 본문에도 많은 오역들이 담겨 있지만 예를 들어 소제목의 번역에서도 장문평은 〈Postponed Suicide〉를 〈연기된 자유〉로, 유영은 〈The Deserted Village〉를 〈황폐한 마음〉이라고 잘못 옮기고 있다.

제1부

제 1 장: The Valley of Utopia: 무릉도원/도원의 계곡/이상향의 골짜기

제 2 장: The Aching Autumn Song: 가을의 애상/구슬픈 가을 노래/뼈아픈 가을 노래

제 3 장: Poetry, Wine and Lies: 시와 술과 거짓말/시, 술 그리고 거짓말/시, 술 그리고 거짓말

제 4 장: The Marriage of the Prodigal Son: 끝엣 삼촌의 결혼/탕자의 결혼/탕아의 결혼

제 5 장: Domesticity and Vanishing Spring: 가정생활과 봄의 감상(感傷)/가정생활과 덧없는 봄/가정생활과 사그러지는 봄

제 6 장: The Garden of the Lotus Blossom: 연꽃 핀 동산/연꽃이 핀 정원/연꽃 정원

제 7 장: The Feast of the Haunting Ghosts: 기양제/집요한 유령들의 향연/잊을 수 없는 허깨비 잔치

제 8 장: Ebbing Life: 생명의 조락/인생의 쇠퇴기/썰물 인생

제 9 장: Vile but not Obscene: 낙이불음(樂而不淫)/낙이불음(樂而不淫)/천하지만 음란하지 않다

제10장: Decent but Dumb: 구사상(舊思想)의 모순(矛盾)/구사상의 모순/고상하지만 말이 없다

제11장: Doomsday: 세상의 마지막 날/운명의 날/최후 심판의 날

제2부

제12장: Star of the West: 서방의 별/서방의 별

제13장: The Journey of One Thousand Lis: 천리길/나그네 천리길

제14장: High-Hat, But Nobody Home: 험난한 수학(修學)의 길/뽐내지만 모두가 허세다

제15장: Wandering Scholars: 떠도는 선비들/떠돌이 학자들

제16장: Postponed Suicide: 연기된 자유/연기된 자살

제17장: Princess Immortality: 환상의 여왕/불멸의 공주

제18장: The Deserted Village: 황폐해진 마을/황폐한 마음

제19장: Unkissed Lips: 입맞추지 않은 입술/입맞추지 않은 입술

제20장: Forbidden Fruit: 금단의 열매/금단의 열매

제21장: Mansei (O Live Ten Thousand Years!): 만세/만세!

제22장: Agony À La Mode: 새로운 몸부림/고뇌의 유행

제23장: The Invisible Ribbon: 보이지 않는 끈/보이지 않는 끈
제24장: O Soul of America!: 아! 미국의 기백이여!/오, 미국의 영혼이여[64]

시기상으로는 보면 김성칠이 가장 먼저 번역했으며 장문평, 유영이 뒤를 잇는다. 강용흘의 글 자체를 한글이나 한문으로 된 한국문화를 영어로 옮긴 일차번역이라고 본다면 김성칠, 장문평, 유영의 작업은 이차번역이라고 할 수 있다. 김성칠의 번역이 강용흘의 글에서 원전으로 쓰인 한글이나 한문의 글자, 분위기 등을 거의 그대로 우리말로 옮기고 있다면 이후의 번역들은 점차 강용흘의 영어로 쓰여진 원문에 더 충실하다. 또한 장문평과 유영의 번역을 비교해 보아도 이러한 차이가 드러난다. 유영의 번역이 영어 원문에 더 충실하고 좀더 정확하고 세심한 번역이라고 할 수 있다. 10장 〈Decent but Dumb〉이나 14장 〈High-Hat, But Nobody Home〉, 17장 〈Princess Immortality〉, 24장 〈O Soul of America〉의 소제목 번역에서 보듯이 유영은 〈고상하지만 말이 없다〉, 〈뽐내지만 모두가 허세다〉, 〈불멸의 공주〉, 〈오, 미국의 영혼이여〉로 영어 원문에 더 많은 비중을 두고 번역하고 있다. 장문평은 〈구사상의 모순〉, 〈험난한 수학(修學)의 길〉, 〈환상의 여왕〉, 〈아! 미국의 기백이여!〉에서 보듯이 강용흘이 원래 생각했던 한글이나 한문 번역에 더 많은 비중을 두고 있다.

역자들은 모두 한결같이 번역할 때의 가장 어려웠던 점으로 작품에 수록된 200여 개 이상의 시의 번역을 지적한다. 일차적으로 원문에 포함된 외국시의 번역에서 어려움은 있지만 보다 큰 난점은 영어로 옮겨진 한시와 자작시의 원문을 찾아내어 이를 다시 한글로 옮기는 데 있다. 김성칠의 경우 작품에 인용된 시뿐만 아니라 관용어구, 표현 등에

64. 김성칠의 경우 제2부를 1961년에 출판하였다고 전해지나 국내 대학도서관이나 국립중앙도서관 등에서 구할 수 없어 여기에서 비교하지 못하였다. 장문평도 때문에 김성칠이 1부만 출판하였다고 전하고 있다.

서 이러한 한문 투의 원문을 상대적으로 쉽게 찾아내고 있지만 시간이 흐를수록 이는 더욱 어려워지고 있다. 예를 들어 한청파의 고향은 "Song-Dune-Chi or The Village of Pine Trees" (K 5)로 영어로 표기되고 있는데 이를 김성칠은 "송둔지" 로,[65] 장문평은 "송전치 혹은 솔숲마을"[66]로, 유영은 "송둔지 혹은 소나무마을"[67]로 번역하고 있다. 이렇듯 소설의 많은 부분이 한자어를 배경으로 하고 있는 용어나 어구들을 영어로 옮겼기 때문에 한국어 번역자들은 이를 거꾸로 추론해 옮기고 있다.[68]

김성칠의 번역 상편은 1948년에 하편은 1961년에 출판되었다. 김성칠은 실제 작품과 시기적으로 가장 가깝고 많은 부분 이후의 번역본들보다 원전의 분위기와 풍습, 용어 등을 정확하게 옮기고 있다. 특히 강용흘이 인용한 많은 한시들의 원문을 정확하게 옮기고 있고 한문까지 괄호 안에 인용하고 있다. 그러나 그가 사용하는 구식 맞춤법은 현대의 독자들이 읽기가 힘들고 또한 그가 사용하는 용어나 문장들도 현재의 독자들에게 접근을 어렵게 만든다. 더욱이 그의 번역은 이미 절판되어 일반 독자가 입수하기 매우 어렵다는 것도 수용의 걸림돌로 작용한다. 당대의 분위기를 살리려 했던 그의 번역의 특징을 잘 보여주는 것이 무엇보다도 한청파의 삼촌에 대한 호칭의 번역이다. 원래 원문에는 영어로 "crazy-poet uncle" 로 표기되어 있는데 장문평과 유영은 이를 "미치광이 삼촌" 으로 직역하고 있다. 이는 유교적 전통이 점차 사라져 가고

---

65. 강용흘, 『초당』, 김성칠 역, 앞의 책, 4쪽.
66. 장문평의 경우 괄호 안에 "송전리(松田里)인 듯함" 이라고 부기하여 확실한 번역어를 찾기가 얼마나 어려웠던가를 보여주고 있다. 강용흘, 『초당』, 장문평 역, 앞의 책, 17쪽.
67. 강용흘, 『초당』, 유영 역, 앞의 책, 13쪽.
68. 장문평의 경우 20장 〈금단의 열매〉 에서 몇 사람의 경우 이름을 역추적하는 것을 포기하고 인라이튼드 기버(유영의 경우 명혜 明惠)와 브릴리안트 크레인(유영의 경우 광학 光鶴)이라고 쓰고 있다. 강용흘, 『초당』, 장문평 역, 앞의 책, 각각 325쪽과 327쪽.

이에 대한 이해가 부족한 현재의 독자들에게는 원어나 번역어나 개념 자체가 상당히 의아스러움을 자아낸다. 김성칠(1948)만은 이를 "음률에 밝은 사람"을 뜻하는 "율객(律客)" 삼촌으로 의역하고 있다. 원래 "crazy"가 "미친"이란 뜻 이외에도 "흥분한," "미치광이 같은" 혹은 "열중한," "열광적인"이란 뜻을 가지고 있어서 한학과 유미주의에 몰두해 실제 생활을 돌보지 않는 삼촌의 성격을 설명하기 위하여 쓰여진 수식어이기 때문에 직역보다는 이의 배경을 설명해 주는 의역이 필요하다. 또한 『초당』 본문에서도 국정에 무관심하고 옛 시에 심취한 다른 시인의 에피소드를 설명하면서 그가 진짜 정신이상자가 아니라 폭군의 억압에 싫증이 나 정치에 손을 떼고 세속과 거리를 둔 시인임을 한청파 본인도 설명하고 있다.[69] 그러나 김성칠의 번역도 삼촌의 성격을 의미상으로 더 많이 옮겨주고 있지만 단지 음률에 밝기만 한 것이 아니라 전통 한시에 몰두하고 열광하는, 선비 중에서도 독특한 성격이란 점을 고려해 볼 때에 현대의 독자를 위한 새로운 용어로의 번역이 필요하다.

69. 강용흘, 『초당』, 유영 역, 앞의 책, 203쪽 이하 참조.

V. 『압록강은 흐른다』와 민족지의 시학

이미륵의 『압록강은 흐른다』 역시 『초당』과 마찬가지로 자신의 자전적 이야기를 통하여 한국을 소개하려는 목적을 분명하게 보여주는 글이다. 이미륵의 글은 1, 2부의 구별 없이 모두 24장으로 이루어져 있으며 1장 〈수암〉에서 한국의 가족에 대한 회상부터 시작하여 〈목적지로〉까지 자신의 유년시절과 청년시절을 다루고 있다.

1. '나를 쓴다'

1) 선택적 시각: 저자-화자-주인공

이미륵의 『압록강은 흐른다』는 작가나 화자가 독자들을 대상으로 말하는 서두 부분이 따로 없이 대부분의 자전적 소설들처럼 바로 자신의 회상 내용부터 시작하고 있다. 즉 앞서 보았듯이 루소의 『고백록』이나 강용흘 『초당』의 서두에서처럼 독자에게 자신의 과거를 있는 그대로 다 밝히고 이를 진실하게 쓰겠다고 약속하는 부분이 없다. 그러나 저자는 『압록강은 흐른다』의 출판을 계기로 피퍼 출판사 사장에게 보낸, 작품의 의도를 설명하는 편지에서 자신이 앞으로 어떤 방식으로 집필하고 무엇을 보여주려 하는가를 설명하고 있다.

> 당신도 느끼게 되겠지만 제 소설은 저의 유년시절에 체험한 일들에 대한 소박한 풍경화에 지나지 않습니다. 저는 이러한 분위기를 흐리게 하는 모든 종류의 기술적이고 설명하는 묘사는 삼가하였습니다. 동시에 동양인의 내면세계에 그다지 적합하지 아니한 세계적인 사건들은 신중하게 다루었습니다. 일련의 진실한 모습들에서 저는 한 동양인의 영혼을 보여주려고 시도하였습니다. 이것은 저 자신의 영혼이기 때문에 제가 아주 잘 아는 것입니다.
>
> Meine Erzählungen sind, wie Sie selber empfunden haben würden, nur schlichte Stimmungsbilder, die ich in meiner Jugend erlebt habe. Ich vermeide jede beschreibende und erklärende Darstellung, die Unreinheiten in eine Stimmung bringen könnten, und ich gehe vorsichtig um die weltlichen Geschehnisse, die so wenig dem Inneren der östlichen Menschheit passen. An einer Reihe echter Bilder versuche ich nun die Seele eines ostasiatischen Menschen zu zeigen, die mir so vertraut ist, weil sie meine eigene ist.[1]

자전적 소설이라는 형식은 이 글에 있어서도 여러 측면에서 중요한 역할을 한다.[2] 우선 작품의 전반적인 내용을 형성하고 있다는 점 이외에도 독자와의 계약을 상기시키기 때문이다. 이미륵도 독자(여기에서는 일차적으로 출판자)에게 "이것은 저 자신의 영혼이기 때문에 제가 아주 잘 아는 것"을 있는 그대로 "일련의 진실된 모습들을" 통하여 그려내겠다는 진실성의 약속을 한다. 그리고 이 영혼은 특히 "한 동양인의 영혼"으로서 저자가 단지 한 개인의 일생이 아니라 동양 대 서양의 구분에서 동양인의 대변자로 생각하고 있음을 말해 준다.

---

1. 이미륵이 출판인 Reinhard Piper에게 보낸 1944년 3월 26일의 편지 참조.
2. 『압록강은 흐른다』는 자전적 글쓰기의 형식을 취하고 있다. 자전적 글쓰기의 특징은 바로 저자, 화자, 체험적 자아가 동일인물이라는 데 있다. 여기에서 자서전 특유의 진정성이 생겨난다. 또한 자서전은 픽션의 형식으로 인하여 다양한 문화 재현의 가능성을 보여주는데 예를 들어 내면, 꿈 등을 다룸으로써 이드적 글쓰기를 가능케 해준다. 이미륵의 경우에는 어머니와 상봉하는 꿈을 여러 번 서술한다.

그러나 이 글은 강용흘과 비교해 보면 차이점을 여실히 드러낸다. 이미륵의 텍스트의 큰 특징은 일제강점기나 나치 치하라는 가장 고통스러운 현실 가운데에서 쓰여진 글인데도 가장 조용하고 행복했던 유년시절을 중심으로 쓰여진 저자의 말 그대로 "소박한 풍경화(schlichte Stimmungsbilder)"라는 데 있다. 현실은 직접적으로 이야기되지 않고 평화롭고 조화로운 반대상을 통하여 간접적으로 서술된다. 저자는 이미 작품 집필의도에서 "내면세계에 적합하지 아니한 세계적인 사건들"은 "조심성 있게" 다루겠다고 말하면서 바로 이러한 서술방식을 택한 것이 의식적인 결정이었음을 드러낸다.

앞서 살펴보았던 강용흘 작품 시작의 웅변조로 쓰여진 야심만만한 약속과 비교해 보면 이미륵 글의 시작은 상대적으로 겸손하며 절제하는 듯한 인상을 전달한다. 화자 미륵은 무엇을 중심으로 유년시절의 이야기를 써나갈까? 작가의 "소박한 풍경화"를 써나감에 있어서 주내용은 강용흘처럼 "사랑과 미움과 웃음과 눈물로 이루어진 한 사나이의 삶과 인생사"가 아니라 대단히 절제된 "동양인의 내면세계," "한 동양인의 영혼"이 되고 있다. 이미 이러한 집필의도에서부터 작가가 어떤 부분을 중시하는지 어떤 내용을 담을지가 분명해진다. 대 변혁기의 중대한 사건이나 변화보다는 이를 받아들이는 한 동양인의 내면세계를 담겠다는 의지이다. 더 나아가 미륵은 "진실한 일련의 모습들(eine Reihe echter Bilder)"을 보여준다고 약속하지만 동시에 "동양인의 내면세계에 별로 적합하지 아니한 세계적인 사건들은 신중하게 다루겠다고" 말한다.

신중하게 다루는 방식은 바로 화자 미륵과 화자 청파의 차이를 보여준다. 텍스트의 서두에서 "성공도" "실패도" 숨기지 않고 쓰겠다는 약속을 하는 청파와 달리 미륵은—마찬가지로 동양과 서양의 문화를 모두 겪은 성인화자의 시각에서 쓰지만—유년시절의 모든 것을 다 쓰겠노라고 약속하지 않는다. 미륵은 유년시절의 풍경화를 그릴 때 분위기를 흐리는 "기술적이고" "설명조"의 묘사는 삼가겠다고 말한다. 이는 실제로 — 이 편지의 수취인인 출판사의 사장을 포함하여 — 한국의 상황을 잘 모르는 독자들에게 별도로 한국의 풍습이나 관습을 설명하거나 기술하지 않겠다는 의지의 표명으로도 읽힐 수 있다. 실제 이미륵의 텍스트는 군더더기나 장황한 묘사가 없고 풍물기나 여행기에서와 달리 한국의 풍습이나 예절을 따로 설명하는 부분이 상대적으로 적다.[3] 강용흘이 항상 미국 독자를 염두에 두고 "서양의 독자" 등으로 독자를 직접 불러내고 그에게 한국의 풍습을 설명하거나 더 나아가 독자의 이해를 돕기 위하여 동서양을 넘나드는 풍부한 비유를 쓰는 것과 달리 미륵은 외국독자를 의식하지 않는 듯한 내면을 향한 '독백'조의 글쓰기 전략을 택한다.

절제하고 삼가는 특징은 일차적으로 작품 속에서 주인공 미륵의 과묵한 성격과 연결이 된다. 예를 들어 독일에 도착하자 이제까지 미륵을 안내해 주었던 인물 봉운은 미륵의 과묵한 성향을 동양적인 것으로 규정하며 이를 말하는 서양과 대비시키고 다음과 같은 충고의 말을 한다.[4]

> 침묵은 옛 동양에서는 아직도 미덕으로 인정되지만 서양에서는 그렇지 않아. 여기선 그게 비사교성의 표시로써 심지어는 오만의 상징으로 보일 수도 있다. 그러니 무엇에 대하여 이야기를 하든간에 언제나 같이 말을 나누도록 해 […]
>
> Das Schweigen gilt wohl im alten Osten noch als Tugend, aber nicht im

---

3. 물론 강용흘과 비교하면 독자를 의식하는 부분은 적다. 그러나 작품에서 독자를 의식하여 낯선 풍습이나 물건 등을 설명하는 대목도 간간이 등장하고 무엇보다도 작품 전체적으로 한국의 풍습, 도덕, 예의범절, 가치관, 종교관, 세계관이 다루어지고 있다. 독자를 의식하여 설명하는 부분으로는 다음과 같은 예를 들 수 있다. "한국의 베개는 평평하지 않고 기다랗고 둥글었으므로"(L 14)라든지 제기차기에 대한 부분(L 24) 등이다.

4. 이러한 자제하는 글쓰기, 조용한 글쓰기와 관련하여 우리는 "조용한 아침의 나라" 한국 이미지를 떠올릴 수 있다. 그러나 최근의 연구가 밝히듯이 이것은 하나의 토포스로 사용된 것이고 실제 구한말의 외국인들도 이와 상반된 한국 이미지를 전할 뿐 아니라 최근의 한국 이미지도 이와 거리를 두는 점을 고려해 볼 때 이는 역시 한국에 대한 많은 가능한 이미지 중의 하나로 이해해야 될 것이다.

Westen. Hier wird es nur als Zeichen der Ungeselligkeit oder gar des Hochmutes betrachtet. Rede immer mit, gleichgültig, woüber geprochen wird [...](L 214)

실제로 "삼가는" 글쓰기는 어떤 방식으로 실현되고 있는가? 이는 본 논문의 첫 이론부분에서 다룬 대항적 글쓰기, 선택적 글쓰기, 양 문화적 글쓰기와 관련시켜 설명해 볼 수 있다. 우선 대항적 글쓰기와 관련하여 우리는 미륵과 청파의 차이를 확인할 수 있다. 청파와 미륵의 공통 관심사는 한국이 오랜 역사를 지닌 독립국이며 또한 문화국임을 보여준다는 데 있다. 한청파는 한편으로는 한국 과거의 유토피아 상과 빈곤과 비참에 빠진 식민지배하의 한국을 번갈아 보여주면서 빛나는 측면과 어두운 측면을 다같이 보여준다. 또한 이를 보고하는 톤 역시 화자의 감정상태에 따라 고저가 심하다. 때로는 외국인들의 한국 풍습에 대한 선입견과 편견, 무지를 직접 인용하여 지적하고 내부자의 입장에서 적극적으로 변호하기도 한다.

그러나 미륵은 이러한 옹호나 비판을 제한한다. 봉운의 지적처럼 이렇게 자제하고 말을 아끼는 방식 자체가 동양적이라고 표현되기까지 한다. "삼가는" 혹은 "생략적" 글쓰기는 사실에 집중하고 군더더기가 없는 글쓰기 양식으로 나타난다. 그리고 성인화자 미륵의 시각보다 주인공 미륵의 시각을 더 자주 전면에 내세우는 방식으로 실현된다. 예를 들어 중요한 사건은 화자의 개입 없이 어린 미륵의 시선으로 관찰되고 있다. 더불어 대화가 상당히 많이 이용된다. 직접 인용으로서의 대화는 사실주의의 중요한 서술수법인데 미륵에게는 성인화자의 주석이 필요 없는 어린아이의 시각을 여과 없이 그대로 전달하는 효과를 낸다. 이러한 점은 작품의 소제목들에서도 드러난다.

제 1 장: Suam
제 2 장: Das Gift

제 3 장: Die erste Strafe
제 4 장: Am Südtor
제 5 장: Siebengestirn
제 6 장: Die Fürbittmutter
제 7 장: Mein Vater
제 8 장: Die neue Schule
제 9 장: Die Uhr
제10장: Die Ferien
제11장: Am Okkebach
제12장: Trauerjahre
제13장: An der Songnimbucht
제14장: Im Frühjahr
제15장: Die Dürre
제16장: Examen
제17장: Seoul
제18장: Die alte und die neue Wissenschaft
제19장: Der Abschied
제20장: Der Yalu fließt
제21장: Das Warten
제22장: Auf dem Ozean
제23장: Die Küste
제24장: Am Ziel[5]

강용흘의 소제목들이 동양과 서양, 양 문화권에서 비유와 토포스들을 인용하여 한국의 현실을 다채하고 화려하게 능변의 글쓰기로 보여준다면, 이미륵의 소제목들은 매우 간결하고 짧고 단순하다. 대체로 장소나 시간, 인물 혹은 사건을 지칭하며 거의 인용 없이 일반명사나 고유명사로 이루어져 있다. 여기에서도 "간결한" 이미륵 문체의 특징이 나타난다.

---

5. 이미륵의 독어본에는 장의 제목만 명기되어 있고 장 표시는 없는데 여기에서는 편의상 번호를 매겼다.

이미륵은 『압록강은 흐른다(*Der Yalu fließt*)』에서 어떠한 시각에서 한국문화를 옮겨 놓았을까? 이는 무엇보다도 당대까지 나온 한국문화에 대한 민족지적, 문화지적 기술들과 또한 이미륵에게 결정적인 영향을 준 강용흘과의 차이에서 찾아볼 수 있다.[6] 결론을 미리 말하자면 그는 당대의 한국문화를 유교의 선비문화를 중심으로 조화로운 이상주의적 관점에서 재현하고 있으며 강용흘과 달리 동양과 서양을 비교하는 시각을 노골적으로 드러내지 않고 한국문화만을 오롯이 드러낸다. 아마도 강용흘의 글쓰기 방식을 '접지'적 글쓰기라 부른다면 이미륵의 글쓰기는 '가지치기'라고 비유할 수 있다. 강용흘이 끊임없이 동양과 서양의 문화에서 번갈아가며 인용하면서 두 문화를 비교하며 서술하고 있다면 이미륵은 강용흘과 비교해 볼 때 — 심층구조에서는 비교하는 시각을 갖고 있음에도 불구하고 — 이러한 것들을 가지치기하듯 생략하고 한국문화에 대하여만 주로 쓰고 있기 때문이다. 또한 한국인의 "내면세계", "정신세계"를 통하여 한국문화를 쓰는 데 있어서도 강용흘이 열정적인 시와 정신세계를 강조한다면 이미륵은 자기를 절제하면서 유교에서의 전체적 완성과 조화를 강조한다. 두 작가가 유사한 사건들을 보고하고 있지만 강용흘이 이중시각에서 때로는 변호하면서 때로는 비판하면서 "감추지 않고" 서술해 나간다면 이미륵의 한국상은 이상주의적이고 고전주의적인 서술 특징을 견지하여 작품의 끝까지 서술태도를 바꾸지 않는다. 이러한 효과는 사건을 보고하고 주석을 가하고 자기주장을 하는 성인화자 청파와 달리 무엇보다도 화자 이미륵이 앞으로 나서지 않고 행동하는 주인공의 시선을 전면에 부각시키기 때문이다.

---

6. 한청파가 문화인의 이상을 간직하고 있다는 점은 이미륵과 공통적이지만 어린시절의 물질적 궁핍, 한일강제합방, 3 · 1운동에의 가담과 고문 등을 더 적극적으로 더 사실적으로 서술하고 있다. 이미륵과 강용흘이 가진 시각의 차이는 고전주의적 이상주의와 사실주의의 대비로도 볼 수 있다.

2) 양 문화적 시각: 『초록 하인리히』와의 비교

그러나 작품을 자세히 살펴보면 외국문학과의 접촉, 특히 그가 독일에서 받은 영향을 확인할 수 있다. 일단 작품의 전반적인 구조가 독일의 소위 '교양소설'의 틀과 일치한다는 점을 들 수 있다. 이미륵의 작품은 전반적으로 한 소년의 성장과정을 통하여 휴머니티의 이상을 추구하고 인격의 완성을 주제화한다는 점에서 독일의 전통적 교양소설을 연상시키지만 특히 아버지 중심으로 서술된 가족서사를 소설의 전반부에 배치한 것은 19세기 독일어권 교양소설의 대명사라 할 스위스 작가 켈러(G. Keller)의 『초록 하인리히(*Der grüne Heinrich*)』(1854/55)를 연상시킨다. 미륵 자신이 텍스트 본문에서 이 소설에 대한 언급을 하고 있다.

> 내가 처음으로 읽은 책은 『초록 하인리히』였다.
> Das erste Buch, das ich las, war der "Grüne Heinrich." (L 215)

본근은 말수가 적은 미륵에게 서양의 법도에 따라 대화를 많이 나누라고 권유하지만 미륵은 감히 독일인과 말을 할 용기를 내지 못한다. "너무 아는 어휘가 적어서 난처한 지경에 빠질까 하는 염려와 다른 사람의 감정을 상하게 만들까"라는 걱정에서 홀로 방에 머물며 책만 읽었다고 적고 있다. 이에 본근이 쉽게 이해할 것이라고 읽으라고 권해 준 최초의 독일 책이 『초록 하인리히』인데 미륵은 독일어 실력의 부족으로 거의 매 두 번째 단어마다 사전을 찾아야 했기 때문에 읽고 또 읽었으며 어려운 문장의 경우 몇 시간을 곰곰이 생각하면서 읽었다고 적고 있다. 때문에 많은 영향을 받았을 것이라고 생각해 볼 수 있다.

두 소설은 많은 공통점이 있는데 이를 일단 다음과 같이 요약해 볼 수 있다. 우선적으로 지적할 수 있는 공통점은 자신의 인생사를 시간의 순으로 배치하며 궁극적으로는 개인의 완성을 지향한다는 점이다. 이 시각에서 보면 마지막 장의 제목이 의미심장하다. 두 번째로는 사실주의라는 특정 시대의 교양소설로서의 켈러 작품과의 공통점을 들 수 있다. 즉 당대의 시대적 이상상이 투영된 이상적인 아버지상(Vaterimago)이 차지하는 위상이다. 켈러의 소설은 1장에 〈한 유년시절(Eine Jugendgeschichte)〉이라는 독립된 부분을 두어 주인공 하인리히의 아버지가 생존해 있던 유년시절을 회상한다. 여기에서 아버지는 독일 시민사회의 이상상을 한 인물로 체화시켜 재현한다. 공적-정치적 시민(citoyen)으로서, 사적 재산을 소유한 부르주아(bourgeois)로서, 사적인 문화 시민(homme)으로서 이 모든 것이 합쳐진 총체로서, 하나의 이상상으로 나타난다면 미륵의 아버지도 동양의 이상상으로 묘사된다. 미륵의 아버지는 전통적인 유학을 공부한 선비로서, 마을의 온화한 지주로서, 새문화가 물밀듯이 들어올 때 이를 조화롭게 중재하였던 인물이다. 이 아버지상을 중심으로 어린시절을 재구성함으로써 이미륵도 한국의 이상적인 전통 선비사회의 모습을 얻어낸다.

이러한 가족서사를 통한 시대 상황의 반추는 어머니의 경우도 마찬가지이다. 작품 초기의 행복했던 유년시절에 대한 회상과는 달리 하인리히가 실제 처해 있었던 현실은 아버지의 부재(不在)로 대표되고 새로운 사회변화에 속수무책이었던 어머니와 어린 아들이 단둘이 남아 있는 상황에서의 방향 상실의 이야기로 전개된다. 이미륵도 아버지가 돌아가신 상황에서 격동기를 홀로 헤쳐 가는 자로서 또한 어머니에 대한 책임을 진 자로서의 어려움을 묘사한다. 이상을 대변하는 아버지와 달리 미륵의 어머니는 현실을 대변하며 아버지와 같은 지향점은 없지만 유약한 아들의 성향을 고려하여 결정적인 고비마다 결단을 내리도록 충고해 준다.

또한 작품 전반의 내용도 상당 부분 유사하다. 하인리히가 도시에 와서 학교 및 직업 교육을 통하여 새로운 삶의 방식을 배워 나가는 것이

주요내용이라면 미륵도 새로운 근대문물의 유입을 맞이하여 무엇보다도 학교 교육을 통하여 이에 적응하려고 시도한다.

또 다른 공통점은 『초록 하인리히』나 『압록강은 흐른다』나 모두 작품이 어머니의 죽음으로 종결되고 있다는 것이다. 아버지의 이상을 좇아 사회에 적응하려는 하인리히의 노력은 이로써 실패로 판정이 나며 시민세계의 이상은 실제의 현실세계에서는 이루어지기 어렵다는 것이 드러난다. 그러한 점에서 켈러의 소설은 독일 시민사회의 이상과 현실 간의 괴리를 보여준다. 이미륵의 소설도 어머니의 부음을 듣는 장면으로 끝남으로써 그의 독일 도착이—새로운 미래를 꿈꾸는 강용흘과 달리—새로운 시작이거나 하나의 성공 혹은 목적지에의 안착이 아니라 행복했던 고향과 유년시절이 결정적으로 끝났음을 의미화하고 있다. 독일에 도착한 뒤 고향의 눈을 연상시키는 낯익은 눈송이에서 잠시 친근감과 행복감을 맛보지만 곧이어 주인공은 먼 고향에서 온 첫 가족 소식으로 어머니의 죽음을 접하게 된다. 어머니가 세상과 이별을 고했듯이 주인공은 이제 구세계와 이별을 고하고 작품의 마침표를 찍는다.

> 그리고 곧 눈이 내렸다. 어느 날 아침 자리에서 일어나자 성벽에 흰 눈송이들이 흩날리고 있었다. 나는 내가 잘 아는 흰눈을 보니 행복감을 느꼈다. 그것은 나의 고향마을과 송림만 위로 휘몰아쳐 내리던 바로 그 눈과 같았다.
>
> 이날 아침에 나는 먼 고향에서 온 첫 소식을 받았다. 큰 누님께서 이번 가을에 어머님이 며칠 앓으시고는 세상을 뜨셨다고 쓰셨다.
>
> Und bald schneite es. Eines Morgens beim Erwachen sah ich die weißen Flocken von der Festungsmauer herabwehen. Ich war glücklich über das vertraute Weiß. Das war derselbe Schnee, der so oft über mein Heimatstädtchen und über die Songnimbucht heruntergewirbelt war.
>
> An diesem Morgen erhielt ich die erste Nachricht aus der fernen Heimat. Meine älteste Schwester schrieb mir, daß unsere Mutter in diesem Herbst nach wenigen Tagen des Leidens von der Welt Abschied genommen hatte.(L 219)

이미륵의 텍스트를 이렇듯 모범으로 작용한 켈러의 텍스트와 비교하면 우리는 무엇이 쓰여졌고 어떻게 변형되었는가를 통해서, 또한 무엇이 서술되지 않고 배제되어 있는가를 통하여 또 다른 차이를 읽어낼 수 있다. 전통적인 독일 교양소설은—『초록 하인리히』의 경우도 마찬가지인데—주로 사랑, 교육, 직업이라는 큰 영역들을 통하여 성장하는 과정을 서술한다. 이러한 전통적인 독일 교양소설과 이미륵 소설의 차이는 바로 화자의 시선이 사랑의 영역을 배제하고 가정, 학교, 사회에만 고정되어 있다는 것에 있다.[7] 부모와 누이에 대한 정과 그리움, 그리고 사촌 및 학교 친구와의 우정이 풍부하게 묘사되고 있는 데 반하여 미륵의 자전소설에서는 이성 간의 사랑은 철저히 침묵되고 있으며 이 또한 화자의 의식적 선택의 결과라고 볼 수 있다. 이러한 배제는 미륵이 어떤 문화전통에 서 있는가를 보여주는데 그것은 바로 성이나 사랑담론을 공공담론에서 배제시키려는 유교담론이다.[8] "동양인의 내면세계에 그다지 적합하지 아니한 세계적인 사건들은 신중하게 다룬다"는 글쓰기는 이러한 식으로 적극적인 '쓰는' 글쓰기가 아니라 반대로 '쓰지 않는' 글쓰기를 통해서도 저자가 몸담고 있는 문화지평을 보여준다.

2. '한국문화를 쓴다': 옛 한국

1) 영원한 평화

강용흘이 『초당』에서 일제의 강제점령에 들어가기 전의 한국을 "유토피아"를 통하여 서술한다면 이미륵에게 구한국은 어떻게 묘사되고 있을까? 강용흘이나 이미륵이나 전반적으로 시간의 축을 따라서 '회상'을 하면서 한국문화의 변모상을 추적해 가고 있다. 작품의 주 내용은

7. 이미륵 연구에 있어서 작가가 한국에서 조혼을 한 것이나 독일의 사생활은 거의 함구되고 있다.

8. 이는 공적 담론에서 억제되었다는 것이지 조선시대가 비공식 차원에서 성 담론이 없었다는 것을 의미하지는 않는다.

한국에서 태어나 외국으로 오게 된 청년이 성인의 시각에서 되돌아본 유년시절부터의 성장기이다. 따라서 두 작품 모두에서 다 과거를 회상한다는 점은 공통점이라 할 수 있으나 각기 성인화자의 시각과 주인공의 시각, 어느 쪽을 더 부각시키느냐에 따라 차이가 드러난다.

이러한 차이는 작품 전반의 흐름을 놓고 볼 때 전반적으로 미래지향적이냐 과거지향적이냐 하는 문제와도 연관된다. 앞으로 자기 개인이 이룩해 낼 성공에 대한 자신감에 가득 차 있는 미래지향적인 강용흘과 달리 이미륵의 경우는 과거지향적이며 작품의 전반적인 분위기는 '향수(Nostalgie)'라는 용어로 표현된다. 그의 회상은 상실한 자의 시각에서 잃어버린 것을 현재로 불러오는 과정이다.

이러한 회상의 의도는 작품에서 여러 번 반복되어 서술된다. 가장 대표적인 예로 신식교육을 받으러 서울로 온 미륵이 우연히 산책을 나갔다가 퉁소 부는 노인과 합주하는 장면을 들 수 있다. 퉁소를 고르는 익원을 따라갔다가 미륵은 왕년의 악사와 같이 연주하며 과거의 우리 것에 잠시나마 잠긴다.

> 그[노인]는 마침내 고전 악기를 제대로 잡을 줄 아는 젊은이가 와서 자기와 다시 한번 고전곡을 불 수 있는 것이 즐거운 것 같았다. 나는 그러나 부는 것을 주저했다. […] 나는 천천히 퉁소를 입에 대었고 비단옷 차림의 그 노인도 같이 불기 시작했다. 우리 주변은 갑자기 죽은 듯 고요해졌다. 이 예술가가 발을 이리저리 옮기며 점점 흥을 내며 조용한 밤을 향해 고전곡을 차례차례 부는 동안 주위 사람들은 아무도 미동도 하지 않았다. 남쪽의 새 일본인 구역에서는 헤아릴 수 없이 수많은 불이 반짝거렸고 북쪽의 옛 한국인 구역은 어둠 속에서 잠자고 있었다. 삼각산 위에는 벨벳처럼 검은 밤하늘이 펼쳐졌고 오래 된 창덕궁은 과거 속으로 잠겨들어 아무 말이 없었다.
>
> Er schien sich zu freuen, daß endlich ein junger Mensch da war, der das alte Instrument richtig in die Hand nahm, und mit dem er wieder einmal ein klassisches Stück spielen konnte. Ich zögerte aber, zu spielen. […] Ich setzte langsam die Flöte an den Mund, und der alte Herr in seidener Tracht fing an zu spielen. Totenstill wurde es um uns. Keiner rührte sich, während der

Künstler auf und ab schritt und immer erregter ein klassisches Stück nach dem anderen in die Nacht hineinspielte. Im Süden, in dem neuen Japanviertel, leuchteten noch unzählige Lichter, im Norden schlief das alte Korea im Dunkel. Über dem Dreihörner-Berg spannte sich der samtschwarze Nachthimmel und das alte Tsang-dok-Schloß schwieg in die Vergangenheit." (L 159)

그가 체험하는 것은 과거 전통의 상실이며 원하는 것은 행복했던 과거의 일시적 소환이다. 문화의 자화상과 타자상은 체험하는 자아와 서술하는 자아의 시각의 차이에서도 드러난다. 이미 여러 문화를 비교해 본 화자는 체험하는 인물에 대해 쓰면서 때로는 가깝게 때로는 멀리 거리를 조정한다. 체험적 자아인 연주자나 구경꾼이나 일체가 되어 한국의 고전음악을 듣고 있는 동안 서술하는 화자의 눈은 "헤아릴 수 없이 수많은 불이 반짝거리는" 일본인 구역과 "어둠 속에서 잠"든 옛 한국인 구역, 더 나아가 "과거 속으로 잠겨들어 아무 말이 없"는 어두운 조선왕조의 창덕궁 사이의 명암의 대조를 놓치지 않고 보고 있다. 조용한 밤에 연주되는 퉁소의 고전곡은 아무 말 없이 침묵하는 한국의 과거를 잠깐 불러내 행동하게 하는 기능을 하는 것이다.

미륵은 서울 유학 시기까지만 해도 과거를 그리워하는 사람들을 만날 수 있었지만 홀로 독일로 온 후로는 과거에 대한 회상은 고향을 상기시키는 유사한 자연에 의하여 촉발될 뿐이다. 예를 들어 지나가다가 본 낯선 정원의 꽈리 무더기는 어린시절에 대한 회상을 불러일으킨다. 이때 사용된 "빛나는," "즐겨 갖고 놀았던," "기쁘게 해주었다" 등의 어휘는 회상하는 화자의 과거에 대한 시각을 보여주며 작품의 밑바탕에 흐르는 주요 분위기를 형성한다.

그 집 정원에는 한 무더기의 꽈리가 자라고 있었는데, 그 빨간 열매가 햇빛을 받아 빛나고 있었다. 우리 집 뒤뜰에서 그렇게도 많이 보았고, 또 어렸을 때 즐겨 갖고 놀았던 이 식물은 나를 너무나 기쁘게 해주었다. 마치 고향의 한 부분을 여기 내 앞에 실제로 가져온 것 같은 생각이 들었다.

Da stand im Garten eine Staude Blasenkirschen, deren rote Fruchtkapseln in der Sonne leuchteten. Wie freute mich diese Pflanze, die ich so oft in unserem Hinterhof gesehen und mit der wir als kleine Kinder so gern gespielt hatten! Es war mir, als hätte ich hier ein Stück Heimat leibhaftig vor mir.(L 218-219)

회상은 어린 시절을 과거에서 끄집어 내어 말 그대로 "실체를 가져온 것 같은(leibhaftig)" 생생한 현재로 재생시키고 그러는 가운데 한국문화가 쓰여진다. 이때 화자 스스로도 그 의도와 지향점을 인식하고 있다. "고향의 한 부분을 여기 내 앞에 실제로" 불러오는 것이 바로 그것이다.

시선이 과거로 향한 이유는 무엇보다도 다음의 장면에서 분명해진다. 신식학교에 적응하지 못하고 시골로 요양 차 내려간 미륵은 사랑방에서 겨울에 농군들이 모여 하는 권선징악의 내용을 지닌, 주인공이 갖은 어려움을 헤치고 성공한다는 별 특색 없는 옛이야기를 듣는 이유를 서술한다. 화자는 그 이야기를 듣는 목적이 이야기의 실제 내용보다는 "평화가 지배했던 우리나라를, 아무런 걱정이 없던 나의 어린 시절을 기억나게 하는" 목소리였기 때문이라고 밝힌다.

종종 나는 이런 집 앞에 서서 귀를 기울이고 들었다. 이야기가 어떻게 계속 전개되는지를 알기 위해서가 아니라, 단지 그 목소리를 듣기 위해 그런 것이었다. 이 목소리는 평화가 지배했던 우리나라를, 아무런 걱정이 없던 나의 어린 시절을 기억나게 해주었기 때문이다.

Ich blieb oft vor einem solchen Haus stehen und lauschte, nicht um zu erfahren, wie die Geschichte weiterging, sondern nur um diese Stimme zu hören, weil sie mich an meine sorglose Kindheit erinnerte, in der in unserem Land der Friede geherrscht hatte.(L 126)

이제 독일에 온 청년의 화자는, 스스로 이야기꾼이 되어 "평화가 지배했던," "아무런 걱정이 없던" 어린 시절의 자신의 삶과 자신의 조국에 대해 글을 쓰려 하며 한국과 한국인상을 조화롭고 통일된 모습으로 서술해 나간다. 때로는 감격해하며 때로는 비탄에 잠겨 고양된 상태로 한국, 한국인, 한국문화를 옹호하거나 비판하는 청파와 달리 이미륵은 시종일관 안정된 톤으로 어린시절을 써 나간다. 출판사에 보낸 편지에 썼던 바대로 일관되게 미륵의 어린시절에 대한 묘사는 회상의 걸러짐을 거친 것이며 그 결과 남은 것은 평화스러웠던, 회상 당시의 시간에는 그렇지 못한 한국이다.

2) 고향의 자연

때문에 작가 이미륵은 강용흘과는 다른 서술전략을 택한다. 차이점은 미륵이 한국의 유년시절을 보고할 때 화자로서의 자신의 의견이나 감정, 입장표명을 자제하고 되도록 행동하는 자아, 즉 주인공 미륵에게 이야기하도록 시킨다는 데 있다. 이러한 회상의 톤은 어린시절을 "걱정 없던" 시절로 재현하는 데 일조한다.

미륵은 강용흘처럼 한국의 자연을 다른 나라의 자연과 비교하며 성인의 시각에서 묘사하지 않고 어린아이의 시선으로 묘사한다. 고향마을의 분위기를 묘사하는 핵심어는 "고요한 평화"이다. 이를 잘 보여주는 것이 어린시절의 미륵의 이웃에 있었던 성문마을 묘사이다. 여기에서도 앞서 인용한 농가의 이야기에서처럼 "평화가 지배했던" 나라의 이미지가 반복된다.

> 이 성문들은 여기서 꽤 멀리 떨어져 시 한가운데 있는 수령의 관아 앞에 서 있었지만, 고요한 저녁시간에는 마치 천국에서나 울려오는 것 같은 황홀한 음악이 멋있게 그리고 맑게 남문까지 울렸고, 우리들의 뛰는 마음을 어둠 속으로 아늑히 가라앉게 해주었다. 그것은 이곳 고을 원님의 저녁인사였다. 날이 저물고 밤이 깃들기 시작하면 이 고을 사람은 걱정이 없이 잠자리에 들어 쉴 수 있었다. 우리 고장에는 평화가 지배하고 있었던 것이다!
>
> Diese Tore standen weit entfernt von uns in der Mitte der Stadt vor dem Amtsgebäude des Statthalters, aber an den stillen Abenden drangen die

himmlischen Töne wunderschön und klar bis zum Südtor und lullten uns langsam in die Dämmerung ein. Das war der Abendgruß des Statthalters. Der Tag war zu Ende gegangen, nun kam die Nacht herauf, und alle Bürger unserer Stadt durften sich sorglos zur Ruhe legen. In unserem Lande herrschte Frieden!(L 31)

설의 풍속은 자연, 사람, 풍속이 평화롭게 어우러진 세시풍습으로 그려진다. 마을 사람들이 차례를 드리고 세배를 드리러 다니는 풍경은 행복했던 유년시절을 대변한다. 눈이 오는 설은 자연의 풍경만 아름다운 것이 아니라 일년 중 경제적으로나 여가시간의 양으로 보나 가장 풍족한 시기이고 더불어 인심도 훈훈해지는 시기이다. 이때 미륵의 입에서 절로 나오는 탄성이 "이 얼마나 좋은 세상인가!(Wie schön ist die Welt!)" (L 39)이다.

행복한 어린시절을 묘사하는 다른 장면으로 소를 타고 집에 돌아가는 목동을 그린 병풍을 좋아했던 미륵에 대한 서술이 있다. 미륵이 바라는 병풍에 그려진 "끝없는 평화"는 화자로 하여금 그림 속의 목동과 일치감을 느끼게 한다.

나는 자리에 누워 병풍의 그림을 바라보는 것을 좋아했다. 병풍은 여덟 폭짜리였다. 산이며 바위, 꽃이며 시냇물들, 다리들 그리고 기러기가 날아가고 있는 바닷가 해변이 그려져 있었다. 모든 것이 촛불 빛 아래에서 너무나 아름답게 빛나고 있었다. 내가 제일 좋아했던 것은 소를 타고 피리를 부는 목동의 그림이었다. 그는 높다란 수양버들 옆을 지나 멀리 언덕 뒤에 보일락 말락 숨어 있는 자기 집으로 돌아가는 것 같았다. 나는 햇빛이 비치는 길과 그 길을 느릿느릿 걸어가는 소가 마음에 들었고 마치 피리소리가 들리는 듯해서 끝없는 평화를 느꼈다.

Im Bett liegend betrachtete ich gerne die Bilder des Wandschirms. Er hatte acht Flügel. Berge, Felsen und Blumen, Bäche und Brücken oder der Meerresstrand mit darüber hinwegziehenden Wildgänsen waren darauf und alles leuchtete wunderschon im Kerzenlicht. Am liebsten sah ich aber das Bild eines Hirtenknaben, der einer Kuh reitend, Querflöte blies. Er ritt an einer hohen Trauerweide vorbei und schien zu dem Häuschen zurückzukehren, das in der Ferne hinter einem Hügel, kaum sichtbar, verborgen lag. Ich freute mich an dem besonnten Weg und an der ruhig schreitenden Kuh und glaubte die Töne der Flöte zu hören und fühlte einen unendlichen Frieden." (L 22-23)

앞서 이민문학의 글쓰기 양상은 저자들이 자신이 떠나온 고향에 느끼는 동일시의 정도와 목표지의 주류문화에 대한 동화 정도에 따라서 상이하다고 논의한 바 있다. 이 점은 강용흘의 글쓰기와 이미륵 글쓰기의 차이에도 작용한다. 강용흘이 계속 고향 땅을 벗어나려 하고 새 땅에서 성공하려는 시도를 하는 반면 미륵은 소치는 목동이 저 멀리 보일락 말락 숨겨져 있는 집에 가듯 항상 돌아갈 수 없는 고향으로 시선을 돌리기 때문이다.

3) 대가족

무엇보다도 "평화롭고 근심 없던" 어린시절은 행복했던 가족서사의 형태로 재현된다. 가부장으로서, 선비로서, 미학자로서 지와 덕과 미를 높이 평가하는 아버지, 전통문화와 새로운 문물 모두에 열린 태도를 보여준 아버지, 부유한 지주로서 부리는 농부들에게 관용을 베푸는 아버지, 심지어 술상에 마주앉아 주도도 가르쳐준 "친구"와도 같은 아버지가 회상된다. 미륵은 이런 아버지와 나란히 마주앉아 대화를 나눈 것에 대해 다음과 같이 서술한다.

나는 의기양양하게 세 번째 잔을 비웠다. 어른이 된 것 같은 기분이 들었다. 이렇게 현명하시고 이토록 멋지게 이야기를 해주실 수 있는 아버지의 친구가 된 것이다.

Ganz stolz leerte ich nun die dritte. Ich fühlte mich erwachsen. Ich durfte der Freund meines Vaters sein, der so klug war und der so schön erzählen konnte.(L 70)

아버지는 여러 가지 측면에서 어린 미륵의 성장에 결정적인 역할을 담당하였다. 미륵의 인생 목표가 "군자/현인"이 되도록 이끌어 주었을 뿐만 아니라 세상이 바뀌어서 전통적인 한학의 방식으로는 이 목표에 다다르는 것이 불가능해졌음을 알고 교육자로서 매개자로서 아들이 새 시대에 적극적으로 적응하도록 도와준다. 유교적 과거에 매달려 있었고 청파의 새로운 갈 길을 막으려 했던 청파의 아버지와 달리 미륵의 아버지는 유럽식 문물을 긍정적으로 바라보고 옛 것과 새 것의 중재자 역할을 한다. 그는 미륵에게 직접 신식학교를 추천하고 학교에 데리고 갔을 뿐만 아니라 이 학교에서 배운 것을 매일 물어보고 같이 읽는다.

> 아버지는 새로운 것이라면 아무리 작은 것이라도 기뻐했다. 나는 학교에서 들은 것은 모든 것을 빼놓지 않고 이야기하고, 조금이라도 유럽의 것처럼 보이는 것은 모두 아버지에게 가져다드렸다.
>
> Er[mein Vater] freute sich über jede kleinste Neuigkeit. Ich erzälte alles Wort für Wort, was ich gehört hatte, und brachte ihm alles, was nur ein wenig europäisch aussah [...](L 80)

무엇보다도 아버지를 기쁘게 했던 것은 유럽이 도덕적인 국가라는 이야기였고 아버지는 "유럽 사람들이 바로 진정한 사람들(die Europäer sind eben wahre Menschen)"이라고 판단을 내린다.[9] 동양의 전통적 유학자로서 서양이 동양적 기준에 합당한 도덕국가라면 적극적으로 받아들이고자 하는 것이다.

행복했던 유년시절의 회상은 이런 아버지를 옆에서 보좌해 주었던 불심 깊고 자애로운 어머니, 여러 누이들, 수암을 위시한 사촌, 미륵의 행복을 빌어준 대원 어머니, 친구들 등으로 이어진다.

4) 한국의 풍속들

이미륵은 앞서 언급했듯이 강용흘과 같은 자전적 서문의 도입 없이 바로—실제 삶 안으로 들어가는—허구의 공간에서 소설을 시작한다. 그

---

9. L 82쪽 참조.

는 과연 무엇을 통하여 한국문화를 소개하려 했을까? 이미륵의 글쓰기는 첫 장에서부터 강용흘과 차별성을 보여준다. 『초당』에서처럼 자전적 글쓰기의 원칙을 밝히는 서문이 없을 뿐 아니라 청파처럼 자신에 대한 탄생의 이야기에서 시작하지도 않는다. 청파나 미륵이나 화자가 성인임은 분명하다. 그러나 청파가 자신이 존재를 서문에서부터 분명하게 알리고 스스로 기억할 수 없어 다른 사람의 말을 들어 전해야 하는 자신의 출생에서부터 이야기를 시작하는 반면 미륵은 스스로 기억하는 체험 장면부터 시작하여 독자의 주의를 화자(내지는 화자의 해석)에게 돌리기보다는 회상되는 내용 자체와 사건을 겪는 주인공에게 돌리게 만든다. 즉 주인공 미륵으로 하여금 다시 한번 유년시절의 행동하는 자아로 모든 것을 추체험하게 만든다.

어린시절의 회상 가운데 작가가 선택하여 현재로 불러낸 장면은 "내가 아직 생생하게 기억하고 있는 우리들 서로의 맨 처음 일"[10]로서의 최초의 회상은 "나"의 일이 아니라 "우리"의 일로서 바로 사촌형 수암이가 아버지께 글을 배우는 장면이다. 자서전이나 자전적 소설이 자아의 삶을 기록하는 장르임에도 불구하고 첫 장의 제목도 같이 자란 사촌 〈수암〉이며 작품의 첫 문장도 이 제목이 "내가 같이 자란 내 사촌의 이름"이라고 설명한다. 이 첫 장은—사라져 버린—한국의 대가족 전통뿐만 아니라 글을 통해 전통이 전수되는 문자문화 중심의 유교문화를 매우 효과적으로 동시에 전달하고 있다.[11] 『초당』에서와 마찬가지로 여기에서도 가족은 사촌까지 포함하는 대가족으로 이해되며 일찍 죽은 아우의 아이를 거두어 기르는 미륵의 아버지가 조카에게 직접 한문을 가르치는 장면으로 시작한다.[12] 문자를 통한 유교식 교육은 한국문

---

10. "Unser erstes gemeinsames Erlebnis, an das ich mich noch deutlich erinnere, war nicht sehr froh." (L 5)
11. 정규화는 "신기하고 어려운"으로 번역하고 있다. 정규화, 앞의 번역, 11쪽.
12. L 5쪽 참조.

화를 소개할 때 강용흘이나 이미륵의 글 모두에서 중요한 역할을 한다. 1장에서 미륵이 수암의 글공부를 옆에서 보고 관찰하고 있다면 2장에서는 본인이 글을 직접 배우게 되며 천자문의 처음 네 글자를 배웠을 때의 감동이 서술된다.[13] 아버지가 글을 처음 가르쳐 주었을 때의 느낌을 미륵은 "나에게는 매우 엄숙한 기분이 들었다. 전신이 마비된 사람처럼 멍하니 앉아 있었다(Mir war sehr feierlich zumute, und ich saß sehr benommen da [...])" 라고 적고 있다.[14]

글을 통한 유교교육은 한국문화를 소개할 때 『초당』이나 『압록강은 흐른다』에서 공통적으로 중요한 역할을 한다. 청파가 주로 서당교육이나 신식교육의 내용을 주로 문학과 미학, 특히 수많은 시의 인용을 통하여 소개한다면 미륵은 문학뿐만 아니라 삼강오륜과 통감 같은 역사책을 두루 언급하여 유교교육을 문학에 한정시키지 않고 도덕, 역사, 정치에 이르기까지 폭넓은 교육내용을 통하여 서술하고 있다는 데 차이가 있다.

3. 이중시각: 격변의 소용돌이

1) 청파와 미륵

『초당』과 『압록강은 흐른다』의 두 주인공 청파와 미륵은 상당히 대조적인 성격으로 등장한다. 항상 독립심이 강하고 시대의 영웅이 되려는 포부를 지녔던 청파와 달리 미륵은 스스로를 "유약하고 소심한(verzagtes und weiches Kind)" (L 217) 소년으로 묘사한다. 미륵의 경

13. 이 유교교육은 "수수께끼 같은(rätzelvoll)" (L 6) 글자라든지 "별반 즐거운 것이 아니다" (L 5)라든지, "그것은 너무나도 슬프게 했다" (L 11)에서 보듯 주로 체험하는 주인공 어린 미륵의 입장에서 회상이 되고 있고 성인화자의 주석이나 해설은 되도록 자제되고 있다. 1장에서는 아버지께 야단맞는—어린아이의 시각에서—슬픈 장면에 이어 즐거운 놀이 장면이 이어져 감정의 균형이 맞추어진다.

14. L 12쪽.

우 자신의 문제도 스스로 혼자 결단을 내리기보다는 항상 주위의 충고를 귀담아 들으며 중요한 결정은 부모의 의견을 좇는다. 등교 첫날 불안해하는 미륵을 진정시키고 신식학교로 보낸 것은 아버지였고 학업이 어려워 수업을 제대로 못 좇아가 어려움에 봉착한 미륵에게 공부를 그만둘 것을 권유한 사람은 어머니였다. 가출한 미륵에게 다시 신식학교에서 학업을 하라고 권유했던 것은 어머니였고 압록강을 건너 독일로 유학을 가라고 등을 떠밀다시피한 것도 어머니이다.

다른 한편 이 장면들은 유교적 교육을 받은 미륵이 부모의 의향을 자신의 의향에 앞세운 것으로도 볼 수 있다. 위의 여러 제의에 미륵은 각기 "아버지가 원하신다면 시도해 보겠습니다(Ich versuche es, wenn Sie wollen)"(L 72), "물론 어머니 당신이 원하시는 대로 하겠습니다(Natürlich, Mutter, ich werde tun, was Sie wünschen)"(L 118), "예, 어머니 한 번 해보겠습니다(Ja, Mutter, ich versuche es!)" 등으로 대답한다.[15] 전반적으로 독자적이고 독립심 많은 태도를 보여주는 한청파와는 미륵은 반대로 묘사된다. 청파는 아버지의 반대를 거듭 무릅쓰고 서울로, 일본으로, 미국으로 유학을 떠났기 때문이다.

청파와 마찬가지로 미륵도 읍내에 신식학교가 생겼을 때 다른 사람들보다 비교적 일찍 이에 다닐 기회를 얻게 된다. 청파가 아버지의 반대에도 불구하고 개인적으로 이 학교와 신식학문에 열정적으로 빠져들었다면 미륵 스스로는 새로 생긴 "신기한 것"을 가르치는 신식학교에 가고 싶어 하지 않는다. 그 이유가 한편으로는 새로운 문화에 대한 낯설음과 불안으로 설명된다. 학교의 모든 것이 "낯설기(fremd)" 때문에 오랫동안 걱정을 했으며. "거기는 이제껏 제가 익숙해 있던 것과는 너무나 다르기 때문에 마음에 안 들 것 같아요"라고 자신의 심정을 밝힌다.[16] 또 다른 한편으로는 기존의 것에 대한 애착을 들 수 있는데 미

15. 마지막으로 압록강을 건너가는 장면도 어머니의 강력한 권유로 이루어지고 미륵은 불안과 주저함을 드러낸다. L 178-179쪽 참조.

특이 한문이며 한시 읽기를 좋아한다는 것 이외에도 유교적, 도덕적 관점에서 자기는 외아들이기 때문에 "몹쓸 놈이 되고 싶지 않았(verdorben)" (L 72)기 때문이라고 설명된다. 새로운 일본을 통해 들어온 근대식 교육이 전통 유교의 도덕적 관점에서 많은 회의와 의구심을 자아낸 것은 청파나 미륵이나 마찬가지이다.

그러나 미륵의 경우 아버지가 이러한 유약한 아들이 새로운 문물을 받아들이도록 중간 매개자 역할을 해준다. "이 학교에 대하여 훨씬 더 많은 것을 알고 더 좋은 점을 알고 있는 것 같은" 아버지는 아들을 학교로 인도한다. 그래서 결국 미륵은 "아버지를 믿었기 때문에" 용기를 내어 신식학교에 다니게 된다. 아버지는 첫날 학교에 다녀온 후 불안감을 느끼던 아들에게 익숙한 소동파의 시와 영탄가를 읊게 하여 진정시키고 계속 학교에 다니도록 만든다. 유럽 사람을 "진실하다(wahr)" (L 72)라고 생각하는 아버지를 따라 미륵은 "이 학문이 우리를 보다 높은 문화로 이끌 것" 으로 믿게 된다. 때문에 미륵은 새로운 문화를 자기 것으로 받아들이고 누나에게 "어두운 잠" 에서 깨고 나니 "더 밝은 시대가 온" 것이라고 말하며 당대의 시대변화를 "오랜 겨울" 이 가고 "봄" 이 온 것이라고 자연에 비유하면서 설명해 줄 수 있게 된다.

> "지금은 다른 시대가 온 거야." 나는 계속 말을 했다. "어두운 잠을 깨고 나니 더 밝은 시대가 온 거야. 새로운 바람이 우리를 깨운 거야. 이젠 오랜 겨울이 가고 봄이 온 거라고. 사람들이 그렇게 말하잖아."
>
> "Es ist eine andere Zeit gekommen," sprach ich weiter, "eine hellere nach unserem dunklen Schlaf. Ein neuer Wind hat uns aufgeweckt. Jetzt ist es Frühling nach einem langen Winter. So sagt man." (L 89)

그러나 아버지의 이른 사망으로 미륵은 켈러 소설의 주인공 하인리히처럼 새로운 근대 세계로 인도해 줄 자연스러운 연결통로를 잃어 버

---

16. L 78쪽 참조.

린다. 『초록 하인리히』에서처럼 아버지는 단순한 육체적인 아버지일 뿐만이 아니라 정신적, 도덕적 인도자이자 스승 역할을 담당한다. 이 이상적인 아버지는 구세계와 신세계의 갈등과 서양과 동양의 갈등 한 가운데에 서서 열린 태도로 둘 다를 포용하려고 시도하고 아들을 그 길로 이끌고자 한다. 그래서 어린 나이에 이러한 선구자적인 아버지를 잃은 미륵은 급격히 변모하는 주위 환경 속에서 더욱 더 큰 방향상실과 외로움을 겪게 된다. 앞으로 나아갈 길을 인도해 주고 가정과 사회를 연결해 주는 아버지가 없는 상황에서 어린 미륵에게 새로운 문물은 불안과 두려움을 가져다 준다. 이러한 상황에서 어머니는 고향에서 멀리 떨어진 시골마을로 마음의 안정을 찾으라고 미륵을 보내지만 미륵은 한동안의 휴식 뒤에 새로운 세계에 이끌리며 낯선 세계에 가기 위하여 가출한다. 이는 무엇보다도 그의 기차 에피소드에서 잘 드러난다. 미륵은 신식학교에 적응을 못하고 시골마을에 내려가 있다가 서양에 대한 그의 옛 꿈을 상기하고 이에 도달하고자 가출을 하게 된다. 그러나 머릿속에서 상상하는 근대유럽은 그토록 평화로웠건만 그를 유럽에 데려다 줄, 눈앞에 서 있는 기차는 그에게 매우 낯설고 불안하다. 기차는 이제까지의 "아무 소음도 없는 고요한 이 마을"과 달리 복잡하고 소란스러운 세계를 대표한다.

> 플랫폼 위에는 여명이 스쳤다. 살을 에는 듯한 찬바람이 불어왔다. 마침내 기차가 천둥치는 소리를 내며 기적 소리를 울리고 연기를 내뿜으며 들어왔다. 사람들이 열차로 달려가서 기차 문으로 몰려갔다. 기차는 어느덧 기적소리를 울리고 급히 다시 떠나 버렸다. 그런데 나는 플랫폼에 그냥 계속 서 있었다.
>
> Über den Bahndamm huschte die Dämmerung. Eiskalt blies der Wind. Endlich kam der Zug, donnernd, pfeifend und rauchend. Die Menschen rasten zu den Wagen und drängten sich an den Türen. Schon pfiff der Zug und eilte wieder davon, und ich war auf dem Bahndamm stehen geblieben.(L 131)

이러한 태도는 서양문물에 대한 태도에서도 마찬가지인데 청파가 항상 주위의 반대를 무릅쓰고 새 문물에 열정적으로 빠져드는 반면 미륵은 항상 어릿한 소년의 입장에서 주저하는 태도를 보인다. 이 점은 위의 기차 에피소드에서 확연히 드러난다. 두 주인공은 기차를 처음 보고 그 소리에 놀라고 "거의 넘어질 뻔하지만" 기차를 대하는 태도는 확연히 다르다. 청파는 다음과 같이 "나도 곧 너를 탈 것이다"라고 말하는 데에서 보듯 기차는 동경의 대상이자 정복의 대상이다.

> 그러나 기차가 윙윙하며 불과 연기를 쏟아내며 "왁! 왁!" 소리를 내자 나는 펄쩍 뛰며 거의 넘어질 뻔했다. 기차가 멈추자 서울로 가려는 많은 사람들이 탔다. 여러 날 걸려야 갈 길을 기차는 불과 몇 시간 동안에 갈 수 있다고 생각하니 자못 감격하여 나는 선 채로 꼼짝하지 못했다. 기차가 떠나자 나는 손을 흔들었다. 서양식으로 기차를 타기를 얼마나 동경했던가! 기차는 오직 "왁! 왁!" 소리를 낼 뿐 내 생각을 도무지 안 하는 것 같아 그저 그 뒤에서 주먹을 흔들고 외쳤다.
>
> "나도 곧 너를 탈 것이다!"
>
> I had heard about trains, so I was prepared, but I did not believe that they were really as fierce as lions and tigers, although this was what I had been told. But when that train whizzed on, spitting fire and smoke, hissing, "Whak! Whak!" I jumped very much, and almost fell down. It stopped and many people got on to go to Seoul. I was thrilled to think in how many hours it could do what it took me many days to accomplish, and I stood, struck motionless. When it started I waved. How I longed to be riding upon it in the Western way! All it said was "Whak! Whak!" again, as if it thought nothing of me, so I just shook my fist at its back, and cried: "I too will ride you soon!" (K 199-200)

청파는 기차가 여러 날 걸려서 갈 길을 불과 몇 시간 만에 데려다 줄 수 있는 문명의 이기임을 알고 또한 이에 "감격해서" 꼼짝을 하지 못한다. 그러나 기차표를 사서 손에 쥐고도 플랫폼에 멍하니 서 있다. 기차가 떠나자 주먹을 흔들며 "곧 너를 탈 것이다!"고 다짐하는 청파와 달리 미륵은 구시대는 이미 돌아갈 수 없다는 것을 알고 또한 새 문명에 호감과 신비감, 동경을 가지고 있지만 선뜻 달려들지 못하고 계속 머뭇거리다 기차를 타지 못하고 이러한 태도는 텍스트의 마지막까지 계속 이어진다. 늘 주위세계와의 조화 속에 자신을 묘사했던 미륵에게 낯선 세계에서의 독립은 더욱 어렵고 외롭다.

2) 신 · 구 담론

『압록강은 흐른다』 텍스트에서도 『초당』과 마찬가지로 구한말 갑작스레 들이닥친 새로운 문물에 대한 다양한 시각들이 개진되고 있다. 여기에서도 미륵은 새 문명에 대한 분명한 자신의 입장을 개진하기보다는 자신의 입장은 물러서게 하고 이에 대한 여러 상이한 입장들을 인용하여 나열하는 방식으로 서술한다. 이것은 한국이 놓인 당시의 상황을 제대로 판단할 수 없는 어린 소년인 주인공의 시선을 통하여 시대상황이 주로 전달되고 있기 때문이다.[17] 그래서 한청파의 경우처럼 동양의 정세를 모르는 독자들을 위하여 러일전쟁이나 한일합방의 구체적 과정이나 원인, 결과 등이 설명되지 않는다. 미륵은 어린아이의 시선으로 직접 관찰하거나 주변 사람들의 의견은 직접 대화를 인용하는 방식으로 옮기고 있다.

3) 일본관

강용흘과 비교해 볼 때 미륵은 한국을 침략한 일본을 묘사할 때도 상당히 자제하는 태도를 보여준다. 한일합방 이전에 미륵은 한국이 신문명을 빨리 배워 따라갈 수 있다고 생각하기에 "야만국"으로 여겨지던 일본이 한국보다 일찍 개화하여 한국에 문화를 가르쳐 주는 것을 수치스럽게 생각하지 않는다. 그러나 일본에 강제합병을 당한 이후 "사기당한 것을" 안 후에는 일본에 대한 관점이 바뀌게 되고 일본이 가져온 변

---

17. 예를 들어 "유럽이란 나라"에 대하여 누나와 나눈 대화가 그러하다. 유럽이 한국에서 얼마나 멀리 떨어져 있는지 한국에서와 같은 꽃이 피는지 "달빛 아래서 술잔을 기울이며 시를 지을 수 있게 그 고장에도 남풍이 불어오는지"에 대하여 미륵은 아무런 확실한 답변을 하지 못한다. L 89-90쪽 이하 참조.

화는 도처에서 전통을 부수는 소란스러운 혼란으로 표상된다. 그럼에도 화자 미륵은 지나치게 흥분하지 않고 당시의 시대변화를 침착하게 보고한다.

미륵의 신식학교 친구인 용마는 서구식 근대화를 지지하는 데 문화(Kultur)와 문명(Zivilisation)의 구분 없이 모두 문명국, 혹은 문화국이라 지칭한다. 어린 그에게는 특히 기차가 있는가가 "문화국(Kulturstaat)"을 가늠하는 척도이고 일본이 문화국에 속하는 이유는 이미 "개혁을 해서(reformiert)" 기차와 기선을 많이 갖고 있기 때문이라고 한다. 그가 일본은 모방을 잘 하는 나라라고 인식하는 점은 특히 『초당』에 나타난 일본관과 유사하다. 그리고 용마는 우리나라는 "아직 기차가 너무 적기 때문에" 문명국이 되려면 멀었다고 덧붙인다.

> "사람들의 말에 의하면 지금 세상에는 여섯 개의 문명국이 있다고 해" 하고 그는 내게 언젠가 말한 일이 있었다. "그 나라들은 영국, 미국, 프랑스, 러시아, 일본 등이야. 그런데 일본은 남의 흉내만 냈기 때문에 사람들이 꼴찌에다 걸어 놓았어." "그럼 우리나라는 어디에 속하는 거지?" 나는 놀라서 물었다.
>
> "문화국이 되려면 아직 멀었어." 그는 힘없이 말했다. "그것은 우리나라에 기차가 너무 적기 때문이야."
>
> "Man behauptet, daß es jetzt auf der Welt sechs kultivierte Nationen gibt," sagte er einmal. "Das sind England, Amerika, Frankreich, Deutschland, Rußland und Japan. Japan hat man freilich an den Schwanz gehängt, weil es ja die anderen nur nachgeahmt hat."
>
> "Wozu rechnet man dann unser Land?" fragte ich erstaunt.
>
> "Noch lange nicht zu den zivilisierten," sagte er mutlos, "weil wir noch zu wenig Eisenbahnen haben." (L 95-96)

화자가 자신이 생각하는 일본관과 다르지만 친구의 일본담론을 그대로 옮기는 것은 중국담론의 경우에도 마찬가지이다. "바보," 또는 "완고"를 뜻하는 "보수적"인 중국에 대한 당대의 담론들을 옮기면서 중국을 "아름답고, 세련되고 훌륭한 것(etwas Schönes, Zartes und

Herrliches)" 이라고 생각하는 미륵은 가슴아파한다.[18] 미륵은 다시 한 번 이러한 중국에 대한 자신의 견해를 서술하는 데 작품의 말미에 나오는 유럽 여행길에서이다. 미륵은 근대화와 제국주의 쟁탈전의 와중에서 쇠락하는 중국문화를 눈앞에서 보지만 정신적 유교문화의 본산이라는 점에서 소동파, 도연명을 떠올리며 감격에 차게 되는 것이다.

4) 서양관: 유럽담론

서양에 대한 담론도 텍스트 내에서 다양하게 펼쳐진다. 이에 대해서는 문명의 관점에서 문화국 논의를 펼치는 용마,[19] 시체 해부를 둘러싸고 벌어지는 육체에 대한 동서양 시각의 차이,[20] 독일에서도 중국인 번해와 미륵의 견해 차이[21] 등을 예로 들 수 있다. 서양담론은 때로는 신구(新舊) 문화의 대결로, 때로는 문화와 문명의 대결, 때로는 문화와 야만의 대결로 묘사된다. 서울의과대학의 친구 익원은 현대 학문은 "철학적 사유(philosophische Erwägungen)" 에서 생긴 것이 아니고 "자연에 관한 실제적인 지식(praktische Kenntnisse der Natur)" 에서 생겨났다고 세분화하여 지적하면서 그래서 한국이 유럽에 뒤졌다고 지적한다.[22] 그러나 실제 해부학 수업을 받은 이후에는 익원도 의학공부에 대하여 근본적인 회의를 하게 되고 인간을 객체로 간주하는 서양학문은 인물들에게 충격으로 다가온다.

그럼에도 이러한 의견들이 주로 서양문물을 긍정적으로 평가하고 이를 받아들여야 한다는 입장이라면 이에 맞서 전통 한국문화를 고수하는 입장도 개진되고 있는데 이들의 논증 근거는 주로 윤리와 도덕에 있다. 이 점에서는 강용흘과 일치한다. 『초당』에서도 새 문물을 반대

18. L 96쪽 참조.
19. L 95-96쪽 참조.
20. L 165쪽 이하 참조.
21. L 95-96쪽 참조.
22. L 162쪽 참조.

하는 보수적인 입장은 유교적 도덕관에서 비판을 가하고 있기 때문이다. 이러한 시각에서 미륵의 텍스트에서 "유럽은 공자의 도덕이 없는 오랑캐 나라(Europa ist ein Hunnenland. Dort gibt es keine konfuzianischen Sitten)" (L 96)라고 불리고 있으며 예를 들어 전통적 고전을 높이 평가하는 미륵의 누나 어진이는 "중용까지 읽은" 미륵이 "한문자도 없고 깊은 뜻을 지닌 문장도 없는" 책을 읽고 있다는 데 실망하며 그가 "현인이 될 수" 없을 것이라고 비난한다.[23] 또한 어머니도 신식학교에 적응하지 못하는 미륵을 "구시대의 아이(ein Kind der alten Zeit)" 라며 학교를 그만두는 것이 어떻겠냐고 제안한다.[24]

이러한 비교를 통하여 서로서로를 비추어 보면서 화자는 자신의 문화와 타자의 문화에 대한 시각을 갖게 된다. 물질문명과 합리성을 우위에 놓는 이성적인 신식학교 교육과 서울의 의과대학교육, 독일의 대학교육은 때로 주인공으로 하여금 부러움을 갖게 하고 때로 자신의 전통에 대하여 비판적 고찰을 하게끔 하였지만 결국 이러한 서구적 문화와 문명이 가진 야만성을 직접 겪게 되는 미륵은 자기의 어린시절에 겪은 조화로운 정신문화에 대한 더 큰 애착을 갖게 된다. 미륵은 자신의 정신적인 경향을 작품 내에서 당대의 상이한 문화담론들과 대결시켜 다시 수용하고 있는 것이다.

5) 쓰여지지 않은 독일담론

『압록강은 흐른다』에 나오는 서양관을 여기에서는 "유럽/구미

---

23. L 89-90쪽 참조.
24. "네가 이 학교에서 충분히 재능이 없더라도 너무 슬퍼 말아라! 우리 모든 사람에게 낯설기만 한 이 새로운 문화는 네게도 맞지 않은 거다. 옛날을 생각해 보아라! 너는 얼마나 쉽게 고전 대가와 시를 배웠었니! 너는 정말 총명했단다. 너를 그토록 괴롭히는 신식학교를 그만 두어라. 그리고 몸도 쉴 겸 올 가을에 송림 마을에 가 있거라. […] 이 불안한 도시보다 오히려 한적한 시골에 가서 너는 잘 자랄거다. 너는 바로 옛 시대의 아이다." (L 117-118)

(Europa)" 라는 용어와 유럽담론을 중심으로 살펴보기로 하겠다. 이는 또 다른 전의적 차원에서 '생략적 글쓰기'를 보여주고 있다. 그 이유는 작품에서 — 강용흘이 미국(미국)이라는 나라를 자연스럽게 논의하는 것과 달리 — 실제 미륵이 건너간 나라인 독일이라는 명칭은 거의 등장하지 않고 주로 유럽과 서양이라는 용어가 이를 대치하고 있기 때문이다. 왜 미륵이 하필이면 유럽의 여러 나라 가운데 독일로 건너가게 되었는지에 대한 분명한 이유는 나오지 않는다.[25] 다만 서울에서 의학을 공부하는 미륵에게 독일어는 필수과목이었고 그래서 독일어 공부를 했다는 이야기가 나오지만 3 · 1운동 후 어머니가 미륵에게 주변 상황이 위험하기 때문에 도망가라는 말을 할 때에도 독일이 아니라 "유럽"으로 가라고 말한다.[26] 강용흘이 모든 난관과 반대에도 불구하고 선교사의 시종을 자처하는 억지를 쓰면서까지 학문을 위하여 미국으로 가려 했던 반면에 이미륵은 주위 사람의 권유에도 불구하고 여전히 불안하고 외국행에 확신이 서지 않은 학생으로 나온다.

> 어머니는 이미 많은 학생들이 국경을 넘는 데 성공하였고, 또 그곳에서 잘 살 수 있다고 말씀하셨다. 나 역시 그렇게 하여 국경을 넘고, 어디에선가 여권을 만들어 내 학문을 계속할 수 있도록 유럽으로 가려고 애써야 한다고 하셨다.
>
> 유럽이라는 말 자체는 나에게 용기를 북돋우지 못했다. 나는 유럽에서의 공부가 모든 면에서 얼마나 어려우며, 또 언어 한 가지만 하더라도 대부분의 아시아

---

25. 이는 새로운 문물을 배우러 무작정 가출하여 기차를 타러 갔을 때에도 마찬가지이다. 미륵은 결국 기차를 타지 못했고 어디가 목적지냐는 역무원의 질문에 "유럽"으로 가려 했다고 답한다. L 132쪽 이하 참조. 또한 계속되는 질문에 유럽에서 어떤 언어가 사용되는지 모른다고 대답한다.
26. L 178쪽 이하 참조. 앞의 주에서 밝힌 것처럼 이미륵이 유럽의 여러 나라 중 특히 독일을 선택한 이유는 분명히 언급이 되고 있지 않지만 경성제국대학 의학과 재학중에 독일어를 배웠다는 점이 큰 영향을 미친 것으로 추정된다. 여하간 『그래도 압록강은 흐른다』에 실려 있는 「탈출기」에서는 압록강을 건너 도망가라는 어머니 말씀에 "네가 그토록 가고 싶어 하던 독일이라는 나라"로 가라고 한 것으로 미루어 유럽 중 독일을 일찌감치 염두에 두고 있었던 것으로 보인다. 이미륵, 『탈출기』, 정규화 역, 서울 2000, 범우사, 315쪽.

사람에게는 극복할 수 없는 장애물이라는 것을 알고 있었다.

Sie[meine Muffer] meinte, daß es schon mehreren Studenten gelungen sei, den Grenzfluß zu überqueren und drüben weiterzukommen. Ich sollte es auch so machen und jenseits der Grenze versuchen, mir irgendwo einen Paß zu verschaffen, und nach Europa zu reisen, um dort mein Studium forsetzen zu können.

Selbst das Wort Europa gab mir kenen Mut. Ich wußte, daß das Studium in Europa über alle Maßen schwer und die Spache allein schon für die meisten Asiaten ein unüberwindliches Hindernis war.(L 178)

유럽이라는 화두는 작품에서 대단히 중요한 역할을 한다. 자기를 아는 것은 타자를 배경으로 하고 타자를 아는 것은 바로 자기를 배경으로 하는데 바로 이 유럽문화담론은 한국문화담론과 서로를 비추어 보는 거울 역할을 하기 때문이다. 중요한 것은 화자가 자신의 문화를 볼 때 중요한 기준으로 작용했던 시각이 타자인 유럽을 보는 데도 반영된다는 것이다. 즉 유럽에도 한국과 마찬가지로 도덕적인 정신문화가 존재하는지가 유럽을 평가하는 기준이 된다.

이러한 여러 시각이 교차하는 가운데 미륵은 서양근대과학의 상징이라 할 자연과학(의학, 생물학)을 전공한다. 그러나 동시에 정신문화를 놓지 않고 있으며 서양을 보는 시각도—많은 굴절을 겪지만—정신문화를 바탕으로 하고 있다. 이 점은 이미륵 개인의 인생에도 반영되어 있는데 독일로 유학 간 미륵은 생물학으로 박사학위를 받은 후에 그 길로 계속 나가지 않고 주로 한국학과 동양학을 가르치며 글을 쓰는데 그 이유는 "정신적인 활동을 훨씬 더 절실"하다고 생각했기 때문이라고 이유를 밝힌다.[27]

이는 어린 미륵의 유럽관에 그대로 반영된다. 미륵이 유럽을 동경하

27. 1946년 7월 1일자 편지로 Mirok Li, *Der andere Dialekt*, 정규화 편, 서울 1984, 성신여대출판부, 140쪽에서 재인용.

고 유럽으로 가려고 한 것은 유럽은 높은 수준의 문화와 문명을 동시에 지닌 이상적인 국가로 표상되기 때문이다. 아버지가 돌아가신 후 신식 학교에 적응하지 못하고 휴양 차 내려와 있던 송림마을에서 미륵은 자신의 미래를 생각하며 "신세계 유럽"을 떠올린다. 그의 목표는 "새문화의 참된 교양인(ein wahrhaft gebildeter Mensch der neuen Kultur)"이고 "모든 것을 스스로 보고 경험하고 학자들로부터 모든 학문을 직접 받아들일 수 있는" 유럽으로 가기로 결론을 내린다.

겨울 동안에 나는 옛날의 학교시절과 학교 동무들, 그리고 그들이 나에게 이야기해 준 신세계 유럽의 물정에 관해서 여러모로 생각해 보았다. 내가 어렸을 적에 모아 두었던 그림들을 다시 꺼내 보았다. 그것은 너무나 높았기 때문에 땅의 영역보다는 하늘의 영역에 속했던 멋진 집들과 성들이었다. 내가 눈보라를 무릅쓰고 포구를 따라 산책하노라면 머나 먼 서쪽에서 이런 건물들이 내 눈앞에 아롱거리고 키가 크고 쾌활해 보이는 금발의 사람들이 그것에 드나드는 것이 보였다. 그들은 지상의 근심 걱정을 몰랐고 생존경쟁과 죄악도 몰랐다. 그들은 다만 자연과 우주에 관해서 연구만 하고 지혜의 오솔길을 따라가고 있었다. 이 새문화의 참된 교양인이 되려면 그곳에서 교육을 받아야만 할 것 같았다. 그곳에서는 모든 것을 스스로 보고 경험하고 학자들로부터 모든 학문을 직접 받아들일 수 있었다. 내가 이 경이의 세계에 관해서 들었던 많은 아름다운 전설이며 일화들이 내 머릿속에서 다시 생생하게 되살아났다. 그러자 나는 어떻게 하면 그것에 다다를 수 있을까 하고 곰곰이 생각하기 시작했다.

Im Winter dachte ich viel an meine früheren Schuljahre, an die Schulfreunde und an alles, was sie mir über die neue Welt Europa erzählt hatten. Ich sah auch die Bilder wieder vor mir, die ich als Kind gesammelt hatte. Es waren herrliche Häuser und Burgen, die so hoch waren, daß sie eher der Region des Himmels zugehörten als der Erde. Wenn ich trotz des Schneesturms die Bucht entlang spazieren ging, sah ich im fernen Westen all diese Gebäude vor mir und ich sah die fröhlichen, hochgewachsenen, blonden Menschen, die dort ein und ausgingen. Sie kannten keine irdischen Sorgen, keinen Kampf ums Leben und keine Laster. Sie forschten nur über Natur und Kosmos und gingen den Pfaden der Weisheit nach. Dort mußte man studiert haben, wenn man ein wahrhaft gebildeter Mensch der neuen Kultur werden wollte. Dort konnte man alles selber sehen und selber erleben und alle Lehren von den Forschern selbst empfangen. Viele schöne Sagen und Anekdoten, die ich über diese Wunderwelt gehört hatte, wurden in mir wieder lebendig, und ich fing an zu überlegen, wie ich dorthin gelangen könnte.(L 127)

유럽은 "지상의 근심 걱정" 모르고 "생존경쟁과 죄악"도 몰랐던, 다만 "자연과 우주에 관해서 연구만 하고 지혜의 오솔길을 따라가고 있었던" 세계로 재현되고 있다. 다시 말해 일본의 강제합병으로 구심점을 잃고 장래에 대한 희망도 품을 수 없었던 당시의 한국적 상황에 대한 반대상으로 재현되고 있다. 어린시절의 꿈은 유럽에서 그 목표점을 찾고 심지어 유럽은 화자의 입으로 "경이의 세계(Wunderwelt)"라고까지 불려지며 주인공은 어떻게 이 세계에 도달할 수 있을까를 생각해 보다가 유럽에 가기 위하여 처음으로 가출까지 하게 된다.

주목할 만한 것은 이렇듯 서구문화가 '유럽'이라는 형태로 통틀어서 이야기된다는 사실이다. 강용흘도 구한말의 서양담론을 서술할 때에는 서양, 서양인으로 포괄적으로 묘사하기도 하지만 자신이 유학을 가고픈 나라를 "미국"이라고 분명하게 밝힌다. 하지만 이미륵은 항상 유럽 혹은 서양이라고 지칭하지 구체적으로 유럽의 특정 국가를 지목하지 않는다. 유럽 전체를, 서구 전체를 "신세계"로 이야기한다.

『압록강은 흐른다』를 읽는 현대 독자들은 자주 등장하는 '유럽'이라는 어휘에서 상당히 당황하지 않을 수 없다. 왜냐하면 작품에서 유럽에 대한 많은 담론들이 다루어지는데 미국을 유럽에 포함시키기 때문이다. 지금 현재의 미국이나 유럽의 지리적 경계를 생각해 볼 때 현대의 독자는 의아해하지 않을 수 없다. 현재의 한국에서 유럽과 미국은 완전히 다른 두 세계로 표상되고 있으며 최근에는 심지어 유럽담론은 여러 차원에서 미국담론에 대한 반대담론 내지는 대안담론으로까지 이야기되고 있기까지하다.

우선 텍스트에서 유럽이 어떻게 하나의 단위로 이야기되는지 살펴보자. 유럽과 미국의 지리적 차이를 모를 리 없는 저자는 의도적으로 체험하는 자아와 때로는 서술하는 화자에게까지도 이 차이를 무시하고 유럽을 하나의 나라처럼 간주하게 만든다. 처음 신식학교에 간 미륵은 학교선생님에게 미국에 대한 질문을 받고 미국이 무엇을 지칭하는가를 다음과 같이 설명한다.

> "그건 아마도 영국 가까이에 있는 나라가 아닌가요?" 하고 나는 말했다. 나는 사람들이 유럽에 관해서 이야기할 때 이 두 이름을 가끔 인용하는 것을 들었다.
>
> "Das ist vielleicht ein Land, das in der Nähe von England liegt," sagte ich. Ich hatte die beiden Namen oft erwähnen hören, wenn man von Europa sprach.(L 74)

영국과 미국을 근접한 유럽의 주요 나라라고 여기는 것은 서양 사정에 어두운 어린 미륵 소년의 시선에서 보았기 때문이라고 생각할 수 있다. 어린아이의 시각에서는 "유럽 글자가 적힌 종이조각"(L 80), "고층 건물이나 철교, 탑의 사진"(L 80) 등이 유럽을 상징하기도 한다. 그 외에도 작품 전반에 걸쳐 "아주 작은 새로운 것"(L 80), "조금이라도 유럽의 것처럼 보이는 모든 것"(L 80), "유럽의 어떤 현인에 대한 일화"(L 81), "유럽의 대통령 일화"(L 81) 등에서 보듯 유럽과 미국은 통틀어서 유럽이라는 하나의 문화적 단위로 이야기된다. 이때 중요한 것은 이러한 유럽을 보는 시각인데 유럽은 높은 기술과 문물을 지닌 나라일 뿐만 아니라 문화국으로 기술된다.[28]

길을 소제하던 정원사가 대통령이었다는 일화는 유럽을 "야만국(barbarische Länder)"과 대립되는 나라로 소개하는데 그 근거는 주인

---

28. 여기에서 우리는 이미륵과 강용흘의 차이를 다시 한번 볼 수 있다. 강용흘은 서양학문을 배우고 미국 유학을 가는 것을 개인적 야망과 국가의 독립을 다시 달성하기 위한 "일직선상의 두 점 사이의 최단거리"(K 173)로 생각한다. 이미륵에게도 유럽은 문명과 문화의 대국으로 생각되지만 한국의 독립을 찾아줄 대안으로 생각되지는 않는다.

과 하인의 구별이 없는 나라이기 때문이다.

> "내가 바로 이 나라의 대통령입니다. 유럽에는 다른 야만국들에서와 같은 주인이나 하인이 없습니다."
> "Ich bin selbst der Präsident dieses Landes. In Europa gibt es keinen Herrn und keinen Diener wie in den barbarischen Ländern." (L 80-81)

그 당시에 주인이나 하인이 없던, 대통령제가 있었던 나라는 미국이다. 그러나 미륵은 미국을 유럽으로 착각하고 유럽 또한 마치 하나의 특정 국가인양 묘사하고 있다. 이러한 예뿐만 아니라 친구가 진보적 지식인으로 추천해서 아버지가 읽게 되는 대표적인 "유럽식으로 들리는 이름"을 가진 "유럽의 현자" 아브라함 링컨의 일화는 유럽과 미국이 텍스트의 유럽담론에서 통합적으로 이야기된다는 것을 보여주는 결정적인 사례이다.[29]

그러면 미국까지 포함한 넓은 유럽담론은 작가의 단순한 착오일까? 아니면 저자의 계획된 의도일까? 우리는 이미 앞에서 유럽이나 아시아와 같은 개념이 유럽 중심적 이해 때문에 지리상의 특정지역을 뜻하는 개념에서 문화적, 역사적 단위개념으로 바뀌었음을 논의한 바 있다. 그러면 우리는 강용흘의 텍스트를 두고 던졌던 질문을 다시 한번 던져볼 수 있다. 폰타나가 지적한 것처럼 미륵은 당시의 대부분의 아시아인들처럼 이러한 유럽중심주의에서 나온 각 지역의 집단적 정체성을 그대로 수용했을까?[30] 이와 연계해서 현대 독자들에게 일어나는 또 하나의 의문은 미륵이 이러한 이상적 세계를 찾아간 곳이 왜 하필 독일인가 하는 점이다. 또한 독일에서 이미륵이 글을 쓸 당시에 겪었던 현실이 어린 시절을 회상할 때 어떤 식으로 작용했을까이다. 이러한 질문들은 서로

---

29. L 86쪽 참조.
30. J. 폰타나, 앞의 책, 247쪽 이하.

밀접하게 맞물려 있고 또 두 작가의 글쓰기 방식의 차이와도 연관되어 있다.

이 문제를 여기에서는 두 가지 방식으로 해명해 보도록 시도한다. 한 가지 방식은 당대와 현재의 시차의 확인을 통해서이다. 즉 여기에서 우리는 저자와 독자 사이에 놓인 시간적 차이와 문화적 차이를 확인할 수 있다. 이미륵은 '신식학교' 장에서 "대양의 서쪽 혹은 유럽(Westlich des Ozeans, oder Europa)" (L 71)이라는 용어를 사용하는데 이러한 시각의 바탕에는 세계를 동양과 서양으로 크게 양분하는 기본 시각이 자리잡고 있음을 알 수 있다. 우리는 이미륵이 유럽이라는 단어로 썼을 때 염두에 둔 개념이 바로 당대에 흔히 사용된 어휘인 구미(歐美)나 서구(西歐), 서양(西洋)일 것이라고 추정할 수 있다. 조선의 개국 이후 물밀듯이 들어오는 서양의 영향은 이러한 거대한 서양담론을 형성하였다. 당시의 사람들처럼 저자는 유럽이란 용어를 사용함으로써 미국과 유럽대륙 전체를 하나의 나라나 지역단위인 것처럼 의미화시키고 있다. 당시와 비교하면 한편으로는 훨씬 세분화되고 다양한 지역 이해가 가능하고, 또한 세계화와 더불어 지역경계를 넘나드는 현대세계에도—예를 들어 "문명의 충돌"이라는 화두에서 보듯—이러한 거대문명권이라는 기본시각이—부분적으로는—여전히 남아 있다고 할 수 있다. 무엇보다도 갑자기 물밀듯이 들어온, 기존 문화와 완전히 달랐던 서구문물을 접한 이미륵의 시대에는 이렇듯 동·서를 가르고 분명하게 경계짓고 비교하는 것이 주요 시사 화두였다. 서양에서 타자인 동양을 통하여 자신의 서양정체성을 구성해 내듯이 서양에서 들어온 근대담론은 동양으로 하여금 이 새로운 낯선 타자를 통하여 자신의 정체성을 새롭게 구성하게 만든 것이다.

그러나 그럼에도 불구하고 우리의 의문은 완전히 풀리지 않는데 이미륵의 상황을 고려해 보면 더욱더 그렇다. 이미륵은 독일에서 제2차 세계대전을 겪었다. 이미륵의 다른 남아 있는 작품에서도 전쟁이나 전쟁 치하의 고통에 대한 언급은 별로 없다. 분명 이 세계대전에서는 미국과 유럽, 특히 독일의 입장이 달라 서로 적대국으로 싸웠는데도 불구하고 이러한 모든 서구세계를 여전히 유럽이라고 통칭한다.

왜 저자는 유럽담론을 이런 식으로 옮겨 놓았을까라는 물음에 대한 위에서 시도한 한 가지 해석방식이 시차라면 다른 한 가지 해석을 우리는 이미륵의 글쓰기 방식으로부터 유도해 볼 수 있다. 앞서서 우리는 이미 그의 생략하는 글쓰기 양식에 대하여 살펴보았는데 여기에서는 '생략(ellipsis)'이 말 그대로 이해된다. 즉 그가 겪는 어두운 현실이 생략되어 서술되지 않는 것이다. 이는 글쓰기 원칙으로는 적극적인 침묵이라 할 수 있다.

우리는 유럽에 대한 포괄적인 담론을 펼친 근거를 행간에서 읽어내야 할 것이다. 즉 다시 말해서 이야기되지 않는 빈 공간의 담론을 주목하지 않을 수 없다. 저자에게는 정신적이고 도덕적인 문화와 앞선 문명을 가진 큰 세계라고 서술되는 세계가 특정 나라가 아니고 바로 유럽이다. 이렇듯 유럽을 도덕적, 문화적 나라로 표상하고 포괄적인 담론을 펼치는 배경에는 그와 반대로 당시의 어두운 당대 독일의 현실이 있다. 일제의 압제를 피해서 간 유럽나라가 하필이면 독일인 상황에서 "지상의 근심 걱정을 몰랐고 생존경쟁과 죄악도" 모르는 곳, "자연과 우주에 관해서 연구만 하고 지혜의 오솔길을 따라가고" 있었던 곳, "지혜의 성"(L 127)을 강조하면 할수록 그와 대조적으로 주인공이 찾아간 나라는 그렇지 않다는 것이 생략을 통하여 드러나는 것이다. 이러한 생략은 소극적인 의미에서의 침묵이 아니라 적극적인 의미에서의 침묵이다. 물론 이미륵은 현대사의 비극이 시작되기 전인 1920년에 독일에 도착했지만 20년대, 30년대, 40년대를 거치면서 독일의 정세가 어떻게 변하는지를 똑똑히 지켜보았다.[31] 또한 이 책이 나온 1946년까지의 상당

---

31. 예를 들어 나치 저항운동으로 유명한 '백장미 사건'의 지도자로서 처형된 뮌헨 대학

기간을 직접 바로 나치 치하의 독일, 보수적인 남부지방에서 고난을 겪었다.

정규화의 경우 이미륵의 생애에 충격을 준 것을 첫째 일본의 침략과 망명, 둘째 독일에서 겪은 제2차 세계대전과 나치의 출현, 셋째로 그를 덮친 병마를 들고 있는데 첫 번째 사건과 세 번째 사건이 텍스트에서 이미륵 나름대로의 방식으로 서술되고 있다면 두 번째 사건은 거의 생략되고 있다.[32] 일본의 침략을 피하여 망명을 간 곳에서 다시금 겪는 고난의 현실과 작가가 회상해 내고 서술하는 행복했던 유년시절은 극단적인 대비를 이룬다. 현재의 독자를 당황스럽게 만드는 맥락, 화자 미륵으로 하여금 포괄적인 유럽담론을 펼치게 이 텍스트가 가지고 있는 맥락은 바로 나치하의 독일이다. 이미륵 자신도 나치스의 집권하에서 정치적, 경제적 고초를 겪었다. 화자가 어린아이의 시각에서 유럽이라는 이상적인 담론을 펼치고 이상적이지 않은 당대의 상황을 끝까지 침묵하는 것은 바로 그 이상적이지 않은 당대의 현실 때문인 것이다. 한봉흠은 이미륵의 글들을 "한국의 좋은 풍습과 생활양식을 이방의 독일 땅에 심어주고 그들의 윤리세계에 경각심을 일깨우려는 시도"[33]라고 평가한다. 저자가 바로 행복했던 유년시절에 대한 이야기만을 쓴다는 것은 역으로 쓰지 않고 있는 "윤리세계에 경각심을 일깨" 워야 할 행복하지 못한 당대를 가늠하게 해주는 지표이다.

이러한 역사적 맥락은 『압록강은 흐른다』의 출판 당시 독일 독자들이 보여준 대단한 호응에도 한몫을 하고 있다. 슈어시(Souessi)는 전후

의 후버 교수의 경우 이미륵과 친우관계가 돈독했다고 전해지며(당시의 억압적 분위기에서)독일 사람들이 후버 교수의 남겨진 가족들과 교제를 삼갔던 반면 이미륵은 자신도 물자가 부족했던 환경에서도 끝까지 돌보아주었다고 전해진다.

32. 특히 세 번째 병마는 『그래도 압록강은 흐른다』의 주 내용인데 같은 시기에 겪었던 나치스에 대한 묘사는 거의 찾아볼 수 없다.

33. 한봉흠, 「독일문단을 놀라킨 한국작가」, 이미륵, 『압록강은 흐른다』, 한봉흠 역, 서울 1983, 양우당, 411쪽.

독일의 출판계와 문학계를 개괄하면서 이미륵의 텍스트가 2차대전을 겪은 후 독일 독자들의 텅 빈 문화적, 정신적 공간을 채워 주었다고 평가한다. 이 작품에서는 잃어버린 낙원 같은 한국을 묘사하고 있을 뿐만 아니라 독자가 잊고 있었던 문화국으로서의 독일의 모습을 일깨워 주고 있기 때문이다.[34] 정규화는 『압록강은 흐른다』가 독일 중 · 고등학교의 4종의 국어교과서에 실린 이유를 작품의 "미문," "소박하고 간결한 표현법," "친근감이 가는 작가의 유년시절"을 들고 있는데,[35] 그 외에도 20세기 초의 '야만적' 이었던 독일의 (자기) 반성이라는 시대적 맥락도 같이 작용했음을 부인해서는 안 될 것이다.

6) 3 · 1운동과 유럽행

미륵도 청파처럼 3 · 1운동에 참여했지만 텍스트에서 의식적인 적극적 참여자라기보다는 수동적 동참자로 등장한다. 청파와 달리 태상왕의 시해의혹 등은 3 · 1운동의 배경으로 등장하지 않으며 "부정한 일본 정책에 항의하기(gegen die ungerechte japanische Politik)" (L 169) 위하여 전 학생들이 시위를 감행할 것이라고 보다 일반적으로 설명된다. 이에 미륵은 "어떻게 시작되었는지, 누가 조직했는지, 무엇을 요구할지도 알지 못했다"고 이야기하면서 다른 의학부 학생들과 함께 자체 논의를 거쳐 전원이 참가하기로 결정한다.[36] 미륵은 비록 청파처럼 독립선언서의 전문을 인용하지도 않고 낭독 현장과 너무 멀어서 들을 수도 없었지만 현장에서 선언서 전단을 받아 선언서의 내용을 다음과 같이 요약한다. 여기에서도 이미륵의 간결하고 명확한 문체가 드러난다.

---

34. K. El. Souessi, a.a.O. S.94ff. 슈어시는 이러한 작품의 내용과 수용자의 역사적 맥락이 출판 당시 열렬한 수용을 가능케 했지만 점차 수용자들의 관심이 바뀌면서 거꾸로 독일에서의 이미륵 수용에 걸림돌로 작용하고 있다고 지적한다.

35. 정규화, 「이미륵. 영원한 한국인」, 『한국학 연구』 10(1998), 199쪽 참조.

36. L 172쪽 참조.

국민은 일본에 의한 한국 민족의 합병은 착오이며 오늘로부터 아무런 효력이 없다고 선언하였다. 한국인은 자유로운 민족으로 자신의 운명을 스스로 결정할 권리를 반환하라고 요구하였다.

Das Volk verkündete, daß die Annektion Koreas durch Japan ein Irrtum gewesen wäre, und von heute ab keine Gültigkeit mehr besäße. Die Koreaner verlangten ihre Recht zurück, als freies Volk ihr Schicksal selber zu bestimmen.(L 173)

이미 3 · 1만세운동 당일 저녁 화자는 시위대가 점차 일경에 의해 포위당하고 있음을 보고하며 다음 날은 이 봉기가 전국적으로 퍼져나가면서 생겨나는 도처의 희생자들에 대하여 보고한다. 제암리 사건도 "한 기독교도 마을에서 전 주민이 교회에 갇힌 채 산 채로 타죽었다"고 단 두 줄로 화자의 큰 감정적 흥분 없이 보고되지만 그럼에도 불구하고 기록된 참상의 정도는 독자에게 결코 얕게 다가오지 않는다.[37] 미륵은 전단을 만드는 일에 참여하며 계속 3 · 1운동의 여파를 보고한다. 상황은 악화되어 일제가 밖으로는 화해정책을 쓰지만 실제로 만세운동에 가담한 자들에게 중형을 내려 많은 관련자들이 도피를 하지 않을 수 없게 된다. 미륵 역시 고향으로 피하게 되고 모든 자초지종을 듣게 된 어머니는 며칠 후 미륵에게 외국으로 갈 것을 제안한다. 유럽으로 도피하라는 어머니의 제의에 미륵은 "용기가 없어서" 침묵한다.[38] 그러나 재차 이야기하는 어머니 때문에 미륵은 떠나는 것이 어머니를 안심시켜 드리는 것이라고 생각하고 유럽으로 가기로 결심한다. 어머니는 외동아들을 떠나보내며 다시 못 볼 각오를 하고 다음과 같은 감동적인 작별의 말을 한다.

"[…] 용기를 내거라! 너는 쉽게 국경을 넘고 결국 유럽에도 가게 될 것이다.

37. L 176쪽 참조.
38. L 178쪽 참조.

어미 걱정은 하지 마라! 나는 네가 다시 여기에 올 때까지 조용히 기다리마. 세월은 빨리 가느니라. 우리가 혹여 다시 만나지 못하게 될지라도 너무 슬퍼하지 말거라. 너는 나의 일생에 많이, 아주 많이 기쁨을 가져다주었다. 자, 얘야, 이제는 홀로 네 길을 계속 가거라."

"[...] Hab nur Mut! Dr wirst leicht über die Grenze kommen, und schließlich wirst du auch nach Europa kommen. Sei unbesorgt um deine Mutter! Ich werde ruhig warten, bis du wieder hier bist. Die Jahre vergehen ja so schnell. Sollten wir uns aber nicht wiedersehen, so sei nicht allzutraurig darüber! Du hast mir in meinem Leben viel, sehr viel Freude gemacht. So, mein Kind, jetzt gehe allein weiter!" (L 179)

이러한 미륵의 태도 및 미륵과 어머니의 이별장면은 청파의 태도 및 청파와 아버지와의 이별장면과 뚜렷하게 차이가 난다. 떨어지지 않는 발걸음으로 고향과 어머니를 억지로 떠나는 미륵과 달리 청파는 "조상의 묘지"를 빠져 나오듯 고향을 박차고 나아가고 있기 때문이다. 이 장면에서 두 텍스트에 나타난 화자의 시선은 과거와 미래로 엇갈린다. 두 번째 옥살이를 끝내고 우연히 찾아온 기회에 선교사를 따라 미국으로 가려는 청파는 부친의 도장을 찍을 일 때문에 갑자기 급하게 고향에 들른다. 미륵에게 아버지가 돌아가신 상황에서 어머니가 가장 가까운 가족이라면, 태어난 후 곧 돌아가신 어머니를 보지 못한 청파에게는 아버지와의 인연이 가장 강하다고도 할 수 있다. 청파와 아버지의 이별은 서로 대립하는 두 인물의 인생관을 보여준다.

"이것을 써도 될까요?" 나는 흥분해서 떨리는 목소리로 외쳤다. "저는 미국에 갈 기회를 얻었습니다."

아버지는 어깨를 으쓱했다. "네 마음대로 해라 너는 내 말을 듣지 않잖니." 아버지는 침착하게 말하고 의연하게 짚 매듭을 짓기 위해 다시 몸을 굽혔다. 아버지는 그가 살아온 것과 다른 인생을 원하는 사람은 도무지 생각할 수가 없었다. [···]

나는 아버지 이외에는 아무에게도 미국으로 간다는 말을 하지 않고 송둔지를 떠났다. 내가 늘 꿈꾸었던 영웅처럼 떠난 것이 아니다. 조상의 묘지를 나오듯이 아무 소리도 없이 조용히 빠져 나왔다.

"May I use it?" I cried, my voice shaken with my excitement. "I have a chance to go to America,"

He shrugged his shoulders. "Have it your way, since you do not go according to mine," he said patiently, bending over the straw knots again, with a stoicism full of dignity. He simply could not conceive of anyone wishing a different life from that he himself had lived. [...]

I left Song-Dune-Chi, having told nobody but my father that I was coming to America. I left it not as a hero, such as I had always dreamed of being. I stole away silently as from the tomb of an Ancestor, without making any noise.(K 361)

4. 『압록강은 흐른다』의 한국어 번역

이 장에서는 이미륵에 의하여 재현된 우리 문화가 한국의 번역자와 독자에게 어떻게 인식이 될까를 살펴본다. 『압록강은 흐른다(*Der Yalu fließt*)』는 독일 피퍼(Piper) 출판사에서 출간된 후 상당히 많은 독자들에게 읽혔고 호평을 받았지만[39] — 간간이 나오는 드문 기념하는 글을 제외한다면 — 이제는 독일에서는 그다지 많이 언급이 되지 않는 작가라고 할 수 있다.[40] 우리나라에서는 전혜린과 정규화가 이 작품을 우리말로 번역한 이후 현재에 이르기까지 계속 꾸준히 많이 읽히고 있으며 최근에는 어린이를 위하여 각색이 되기도 하였다. 이제까지 이 작품은 다섯 명의 번역자에 의하여 우리말로 옮겨졌다.

이미륵: 『압록강은 흐른다』, 전혜린 옮김, 서울(여원사) 1959년.

---

39. 피퍼 출판사는 1946년, 1950년, 1954년에 각기 『압록강은 흐른다』의 새로운 판본을 출판하였다.

40. 1996년에도 독일 EOS 출판사에서 새로운 판본이 나왔지만 초판의 출판 때처럼 열광적으로 수용되지는 않았다. 최근 출간된 『상호문화적 문학(*Interkulturelle Literatur in Deutschland*)』, C. Schielling(Hg.), Stuttgart 2000에 이미륵을 위시하여 본격적으로 다루어진 한국 출신 작가는 없다.

이미륵: 『압록강은 흐른다』, 김윤섭 옮김, 서울(입문사) 1959년.
이미륵: 『압록강은 흐른다』, 한봉흠 옮김, 서울(정한출판사) 1975년.
이미륵: 『압록강은 흐른다』, 정규화 옮김, 서울(범우사) 1982년.
이미륵: 『압록강은 흐른다』, 김은애 옮김, 서울(문학과현실사) 2001년.[41]

이들 번역은 모두 나름대로의 특징을 가지고 있다. 김윤섭의 번역은 원작의 출판시기와 시간상의 격차가 가장 적어 어휘나 문장 면에서 이미륵이 글을 쓸 당시의 어휘들로 전체적으로 정확하게 옮기고 있다. 다른 한편 이 점은 현대인의 독서에 장애요인으로 등장하는데—텍스트가 절판되었을 뿐만 아니라 새로운 번역의 개정판을 기대하기 어렵기 때문만이 아니라—고어체나 사용하는 용어 때문에 현대 독자들이 쉽게 읽어내기 어렵기 때문이다. 1959년 같은 해에 번역이 되었지만 전혜린은 이보다 먼저 『압록강은 흐른다』를 한국어로 번역했으며 때문에 우선 우리나라 최초의 이미륵 작품 번역이라는 데 의의가 있으며 또한 현대 구어체의 한국어로 옮겨져서 당시의 독자층에게 큰 영향을 주었고 널리 읽혔다. 이미륵의 *Der Yalu fließt*가 2차대전 후의 유럽 특히 독일인의 정신적 빈 공간을 메워 주었듯이—당시 '전혜린 신드롬'이라는 말까지 생겨날 정도로 개인적 인기도 누렸던—역자의 번역에 힘입어 한국에서도 한국전쟁 이후의 정신적, 물질적으로 피폐한 상황에서 젊은이들이 갈구했던 문화적 빈터를 채워 주었다.

이제까지 나온 번역본과 비교해 볼 때 전반적으로 전혜린은 매우 개성이 강하고 감수성이 뛰어난 번역을 하고 있으며 비교적 '자유로운' 번역 원칙에 따라 옮겼다고 말할 수 있다.[42] 첫 번역자로서 오역도 부

41. 전혜린의 경우 이후 홍익출판사(1967), 범우사(1973), 명문당(1977)에서도 출판되었고 김윤섭의 경우 청산문화사(1976)에서, 그리고 한봉흠의 경우 양우당(1983)에서도 번역이 출판되었다. 또 다른 번역본으로는 김희선의 번역은 번역문화의 심각한 문제라 할 가공인물을 내세운 표절 번역이라 본 논문에서는 고찰하지 않았다.

42. 전혜린 번역은 오역이 많이 들어 있는데 이는 초역이었다는 점을 감안해서 이해해야 될 것이다. 대표적인 오역은 김삿갓 에피소드(62-65쪽)이다.

분적으로 많이 들어 있으며 원문과 달리 내용들이 번역자의 해석에 따라 가감되거나 변형되어 있다. 또한 어휘나 문장을 분석해 보면 독일어 구조에 더 가깝게 직역하고 있다. 예를 들어 전혜린의 번역인 "무엇이라고 읽지?"(12), "많은 아이들이 있었다."(12) 등은 독일어의 구조를 그대로 두고 우리말로 옮긴 것이다. 이에 반해 정규화의 번역은 "어떻게 읽지?", "아이들이 많이 있었다" 등에서 보듯이 보다 현대의 어감에 맞는 한국어로 옮겨져 있으며 전체적으로 한국어 표현이 훨씬 자연스럽다. 정규화는 번역자로서 최근에 이미륵을 다시 현대의 한국 독자에게 소개하였을 뿐만 아니라 미발표 원고를 발굴하고 출판하고 이미륵 기념사업을 지속적으로 주관하였다. 이전의 번역들이 많은 오역을 범하고 있는 데 반하여 정규화의 번역은 이 오역들을 제거하였고 원어텍스트에 충실하게 번역하고 있으며 어휘나 문체 면에서 우리말에 자연스럽게 옮기고 있다.

여기에서는 번역본 중 가장 많이 읽혔고 이미륵을 우리나라에 소개하는 데 공이 큰 전혜린과 정규화의 번역을 우선 제목을 중심으로 살펴보기로 한다. 다음은 원제목과 전혜린, 정규화의 제목들을 차례로 병렬하여 비교한 것이다.

이미륵(1946)/전혜린(1973)/정규화(2000)

제 1 장: Suam: 수암과 같이 놀던 시절/수암
제 2 장: Das Gift: 독약을 먹은 장난꾸러기/독약
제 3 장: Die erste Strafe: 습자지로 만든 연/첫 번째 벌
제 4 장: Am Südtor: 종각이 있는 놀이터/남문에서
제 5 장: Siebengestirn: 즐거웠던 설놀이/칠성이
제 6 장: Die Fürbittmutter: 불공을 드려준 여인/대원어머니
제 7 장: Mein Vater: 병석에 누운 아버지/나의 아버지
제 8 장: Die neue Schule: 유리창이 달린 새 학교/신식학교
제 9 장: Die Uhr: 수소, 인력, 아브라함 링컨/시계
제10장: Die Ferien: 방학은 즐거워라/방학

제11장: Am Okkebach: 가을도 가고 겨울이 와서/옥계천에서
제12장: Trauerjahre: 상복을 입고/상복기
제13장: An der Songnimbucht: 외로운 포구 송림마을/송림마을에서
제14장: Im Frühjahr: 유럽에의 꿈을/이른 봄에
제15장: Die Dürre: 가뭄은 계속되고/가뭄
제16장: Examen: 입학시험/입학시험
제17장: Seoul: 서울 유학 무렵/서울
제18장: Die alte und die neue Wissenschaft: 낡은 것과 새로운 것/구학문과 신학문
제19장: Der Abschied: 기미만세의 절규 속에/작별
제20장: Der Yalu fließt: 압록강은 흐른다/압록강은 흐른다
제21장: Das Warten: 중국의 하늘/기다리는 마음
제22장: Auf dem Ozean: 바다를 건너가며/대양에서
제23장: Die Küste: 마르세유 항구/해안
제24장: Am Ziel: 파리에 붉게 타는 향수/목적지로[43]

두 사람의 번역을 비교해 보면 차이가 매우 크다는 것을 알 수 있는데 같은 독일어 원문을 우리말로 옮기는 데도 불구하고 단 두 소제목(입학시험, 압록강은 흐른다)에서만 일치하고 나머지는 모두 다르다. 두 번역의 차이는 20여 년에 달하는 번역의 시차 때문에 생긴 차이일 뿐만 아니라 번역자의 해석과 번역자가 속한 문화적 맥락의 차이라고 할 것이다. 이 점을 보다 뚜렷이 드러내는 전혜린의 번역을 위주로 다루면서 원어텍스트에 충실한 정규화의 번역과 대조시켜 비교하도록 하겠다.

전혜린의 번역은 소위 '의역' 원칙을 택하고 있는데 번역자의 독특한 주관적 해석이 뚜렷하게 드러난다. 기교를 부리지 않고 본질적인 것에만 집중하며 분명하고도 간결한 문체는 자주 이미륵 글의 특징으로 지적되고 왔고,[44] 소제목들 역시 간결한 명사 하나로 혹은 구로 이루어

---

43. 이미륵의 독어본에는 장의 제목만 있는데 여기에서는 편의상 번호를 매겼다.
44. Souessi는 전후 독일의 출판 상황을 서술하면서 정신세계, 내면성을 강조한 내용과

져 있다. 우선 전혜린 번역에서 시각적으로도 부각되는 것은 이미륵의 원래 제목들이 원문에서 보다 긴 구나 문장으로 확장되어 번역되었다는 것이다(〈수암〉→〈수암과 같이 놀던 시절〉, 〈독약〉→〈독약을 먹은 장난꾸러기〉, 〈대원어머니〉→〈불공을 드려준 여인〉, 〈나의 아버지〉→〈병석에 누운 아버지〉, 〈신식학교〉→〈유리창이 달린 새 학교〉, 〈방학〉→〈방학은 즐거워라〉, 〈송림마을에서〉→〈외로운 포구 송림마을〉, 〈가뭄〉→〈가뭄은 계속되고〉, 〈서울〉→〈서울 유학 무렵〉). 혹은 원제목과 다르게 '자유롭게' 번역되어 있다. 이러한 번역은 대체로 이미륵의 간단한 제목이 뜻하는 바를 번역자의 해석으로 대치하는 식으로 이루어진다(〈첫 번째 벌〉→〈습자지로 만든 연〉,[45] 〈남문에서〉→〈종각이 있는 놀이터〉, 〈칠성이〉→〈즐거웠던 설놀이〉, 〈옥계천〉→〈가을도 가고 겨울이 와서〉, 〈이른 봄에〉→〈유럽에의 꿈을〉, 〈작별〉→〈기미만세의 절규 속에〉, 〈기다리는 마음〉→〈중국의 하늘〉, 〈해안〉→〈마르세유 항구〉, 〈목적지로〉→〈파리에 붉게 타는 향수〉).

더 늘어난 내용이나 자유롭게 번역된 내용들은 인물들의 내면적 감정이나 경험과 관련이 있다. 예를 들면 〈수암과 같이 놀던 시절〉, 〈독약을 먹은 장난꾸러기〉 등은 걱정 없고 행복했던 어린시절에 대한 애정 어린 회상을 부각시킨다. 세 번째 소제목은 〈첫 번째 벌〉이 아니라 〈습자지로 만든 연〉으로 번역됨으로써 체험하는 자의 시각을 다르게 반영한다. 전자처럼 이 사건에 대한 아픈 시각(체벌)이 반영되었다기보다는 어린아이들의 연을 만드는 즐거움을 강조한다. 이 점은 무엇보다도 〈칠성이〉와 〈즐거웠던 설놀이〉에서 두드러진다. 원어텍스트에

더불어 바로 이러한 양식이 전후 독일 독자의 바람과 일치하는 것이었다고 지적한다. K. El Souessi, a.a.O., S.100ff.

45. 우연히도 전혜린의 번역 〈습자지로 만든 연(Papierdrachen)〉은 이미륵이 원래 계획했으나 나중에 수정했던 소제목이기도 하다. 다른 경우 소제목들은 일치하지 않는다. 앞서 인용한 1944년 3월 26일 이미륵이 출판사에 보낸 편지 참조.

서는 사촌 칠성이와 있었던 모든 것을 지시하는 포괄적 어휘를 사용하고 있다. 처음에는 재미있었으나 결국 싸움으로 끝나 버리고 만 설놀이, 또한 싸움 때문에 받은 벌, 이어지는 칠성이와의 이별까지 모두를 지시할 수 있는 어휘가 칠성이인 반면 전혜린에게서는 즐거웠던 설놀이로 번역되고 있다. 체험하는 주인공에게 칠성이와의 경험과 설놀이를 즐거웠다고 표현하는 것은 부당하다. 이것은 어린시절을 그럼에도 불구하고 행복했다고 회상하는 자 또는 번역자의 시각에서 그러한 것이다. 이러한 '자유로운' 번역은 〈기미만세의 절규 속에서〉에서도 두드러진다. 이미륵이 〈작별〉이라는 소제목에서 어머니와의 이별이라는 가정사를 강조한 소제목을 사용했다면 전혜린의 번역은 개인적 사건에 나타난 한국의 역사적 사건을 쫓아가고 "절규"라는 단어에서 보듯이 사건을 보는 번역자 개인적 시각과 해석을 반영하고 있다. 마지막 소제목 〈꽈리에 붉게 타는 향수〉와 〈목적지로〉도 마찬가지라 할 수 있다. 이미륵의 〈목적지에서〉에서 여행길의 어려움과 어머니의 부음 등 개인적 감정을 억누르고 소설의 귀결점, 자서전의 한 목표이자 어렸을 때부터의 꿈인 유럽으로 가게 된 종결점을 지시하고 있다. 이에 반하여 전혜린은 개인적 감정과 체험을 강조한다. 독일의 어느 집 정원에 핀 꽈리꽃을 보고 어머니 생각에 잠긴 주인공과 그로 인해 일어난 고향집에 대한 향수, 이어지는 어머니의 부음을 강조하여 인물의 향수와 외로움을 강조한다. 즉 목적지가 아니라 출발지가 강조된다.

독일에서 꽈리를 보고 다시금 고향을 그리워하는 것처럼 전혜린은 독일에서 홀로 수학했던 자신의 외로움을 반영하여 번역한다. 이미륵이 상실한 고향을 그리워하듯 번역자들은 역사적, 시간적 경험 속에서 또 다른 상실, 사라진 옛 한국에 대한 그리움을 체험한다. 전혜린 스스로가 밝히듯이 이미륵의 세계는 "이해"보다는 "선망"이 앞서는 것이었기 때문이다.

> 이미륵 씨가 살고 생각한 것은 현대의 한국 사람으로서는 이해보다는 선망이 앞서는 유리알처럼 맑고 조화에 찬 고전의 세계였다.[46]

이러한 전혜린 번역은 정역이냐, 오역이냐의 문제를 떠나서 이러한 번역이 나오게 된 문맥과 수용자들의 문맥을 고려하여 파악하여야 할 것이다. 즉 당시에 불러일으킨 대단한 독자들의 반향과 공감을 고려해 볼 때 단지 개인적 취향의 문제로 보기보다는 1950년대 말, 60년대의 한국의 문화적 상황의 결과로 볼 수 있다. 이미륵이 그려낸 세계는 한국전쟁의 폐허에서 '선망할' 낙원의 대상을 찾던 번역가를 비롯한 젊은이들의 문화적 갈증을 달래 줄 오아시스로 작용한 것이다. 이는 이 세계가 과거의 것이라고 생각하는 독자에게는 번역자 정규화가 말하듯 "추억이자 역사"로 다가오는 것이고 아직도 자신의 삶의 일부라고 읽어내는 독자들에게는 "피부로 느끼는 우리의 생활"일 수도 있는 것이다.[47]

46. 전혜린, 「이미륵의 무덤을 찾아서」, 『여원』 1978, 5월호, 78쪽.
47. 정규화, 앞의 책, 5쪽.

VI. 결 론

본 글에서는 한국 초기 해외이민문학의 대표작이라 할 강용흘의 『초당』과 이미륵의 『압록강은 흐른다』를 '민족지의 시학'이라는 관점에서 분석하였다. 우선 두 작가 및 작품이 가진 여러 가지 공통점을 당시의 정치, 사회, 문화 및 여타 이민문학과의 관계를 고려하여 대항적 기억, 선택적 기억, 양 문화적 기억이라고 규정하고 분석의 틀로 삼았다. 일제강점기에 쓰여진 두 텍스트는 한편으로는 독립국으로서의 한국역사를 말살하려는 일본의 제국주의 시각에 맞서면서 다른 한편으로는 한국의 역사에 대하여 무지한 외국독자를 상대로 오랜 문화국으로서의 한국의 전통을 내세우는 '대항적 기억'을 담고 있다. 이때 대가족 중심의 유교 선비 문화를 중심축으로 삼아 불교와 도교를 더불어 소개하는 '선택적 기억'을 중심으로 서사를 전개한다. 두 작품은 또한 이민문학으로서 동양과 서양의 두 문화를 두루 경험한 저자의 입장을 드러내면서 그 가운데 외국독자들의 인식지평과 기대지평을 고려하여 서술했다는 점에서 '양 문화적 기억'을 담고 있다.

이러한 공통점 이외에 두 작가의 성향과 두 작가가 서 있었던 상이한 정치적, 사회적, 문화적 맥락에서 나온 글쓰기의 차이는 '능변의 글쓰기'와 '생략적 글쓰기'로 규정하고 작품 전체에 걸쳐 이러한 글쓰기가 실제로 어떻게 나타나는가를 분석하였다. '능변'과 '생략'은 일차적으로 웅변가적인 청파와 침묵적인 미륵, 두 주인공의 성격과 관련되고 더 나아가 글쓰기 양식과도 연관된다. 강용흘은 이미 서두에서 자신의 위대한 포부를 펼치며 모든 것을 감추지 않고 쓰겠다고 독자에게 약속한다. 이러한 약속은 주로 두 문화를 겪은 성인화자의 시각을 전면에 내세움으로써 실현된다. 이미 사건에 대한 주석을 가할 정도로 경험과 연륜을 쌓은 성인화자의 시각에서 자신의 개인사와 구한말의 한국이 겪은 운명과 역사의 명암을 모두 거침없이 서술하고 있다. 청파는 실제의 물질적 궁핍 속에서 학문과 근대문화를 갈구하는 이중의 "굶주림" 속에서 자아와 한국을 묘사한다. 구한국의 유토피아적 측면과 일제강점기에 들어간 비참한 참상, 그리고 당대 한국의 일본관이나 서양관은 모두 청파 특유의 '능변의' 혹은 열변의 어조로 기록되고 이러한 글쓰기는 무엇보다도 동서양의 많은 고전을 '인용'하는 가운데에서도 드러난다.

이미륵의 생략적 글쓰기도 여러 층위와 연관된다. 분명 미륵의 텍스트에서도 성인화자가 이야기를 전개시키지만 그는 되도록 뒤로 물러서고 사건을 체험하는 주인공의 시각을 전면에 내세운다. 그 결과 주위에서 겪는 사건이나 의견들은 화자의 개입이 최소화되어 전달되고 어린아이의 시각이 강조된다. 청파와 달리 미륵의 경우 구한말의 낙관적이고 긍정적인 유럽상은 텍스트 내에서 수정을 겪지 않는다. 그러나 어린아이의 시각에서 본 유럽문화의 문화국으로서의 신비적 면모가 유지되고 성인화자가 겪는 유럽문화, 특히 독일문화의 부정적 측면이 생략되는 것은 침묵되는 실제 현실의 어두운 측면을 대자적으로 드러내는 효과가 있다. 구체적으로 강용흘과 비교하거나 이미륵의 전범이 된 교양소설 『초록 하인리히』와 견주어 보면 이러한 쓰여지지 않은 부분은 보다 더 잘 확인할 수 있다.

두 텍스트들은 이제까지 모두 한국문화, 동양문화의 정수를 전달하고 있다고 평가받아 왔지만 여기에서는 위의 작업을 통하여 이러한 언제 어디서나 통용되는 '보편적' 문화 재현에 의문을 제기하면서 이 또한 특정 시대에 특정 맥락에서 재현된 문화라는 것을 한편으로는 작품 내재적으로 다른 한편으로는 작품의 문맥화를 통해서 밝히려고 시도하였다. '한'이 한국인의 정서를 대표할 수 없는 것처럼 한국문화 역시 다양하고 열린 체제 속에서 끊임없이 섞이고 변모하고 있다. 문화전달자로서의 강용흘과 이미륵은 역사의 격동기에서 신구문화의 충돌을 겪으며 일본제국주의, 미국, 유럽 등의 타 문화와의 접촉 속에서 한국문화를 정신문화에 기반을 두고 재현해 냈다. 이러한 시각은 타자인 서양과 유럽에 대한 담론에서도 드러난다. 작가가 글쓰기를 통하여 상실해 가는 우리 문화를 재구성하고 자신의 정체성을 찾으려 하듯 현대 독자들은 강용흘과 이미륵이 쓴 텍스트를 읽고 그대로 이와 동일시하는 것이 아니라 그 긍정과 부정, 혹은 상실의 거리를 통해 우리 시대의 문화를 재구성해 낸다. 즉 다시 말해서 여기 재현된 문화는 과거의 한때 강렬했던 우리의 자기 표상들 가운데 하나로 읽혀지는 것이다. 이렇게 재현된 문화는 한국의 "고유한," "본질적" 문화라기보다는 당대의 여러 맥락들이 교차하는 가운데 생산된 담론들로 상대화시켜 읽어야 하는 것이다. 한국문화는 대화와 소통 가운데 놓여 있는 것이며 문화쓰기, 문화읽기도 마찬가지이다. 사이드의 오리엔탈리즘 이후 서구의 비서구를 보는 전형적 시각이 비판을 받고 있다. 그렇다면 우리는 우리 문화의 다양성을 특정 형태로 보편화시켜 지배적 수사학을 만들고 있지 않는가라는 질문을 가지고 자신의 민족주의와, 전형화 경향도 마땅히 비판적 고찰의 대상으로 삼아야 할 것이다. 그런 의미에서 강용흘과 이미륵의 텍스트들은 초기 이민문학으로서 한국문화를 재현하는 특정한, 선택적 기억으로 읽혀야 할 것이다.

참고문헌

일차 텍스트

Younghill Kang: *The Grass Roof*, New York 1931, Charles Scribner's Sons.

______. *East Goes West*, Chicago 1937, Follett Publishing Co.

______. *The Happy Grove*, New York 1933, Charles Scribner's Sons.

Mirok Li. *Der Yalu fließt*, München 1950.

______. *Vom Yalu bis zur Isar*, Seoul 1982, Shinzisa.

강용흘. 『동양선비 서양에 가시다』, 유영 역, 서울 2000, 혜원출판사.

강용흘. 『초당』, 김성칠 역, 서울 1948, 금룡도서.

강용흘. 『초당』, 유영 역, 서울 1994, 혜원출판사.

강용흘. 『초당』, 장문평 역, 서울 1993, 범우사.

이미륵. 『압록강은 흐른다』, 전혜린 역, 서울 1959, 범우사.

이미륵. 『압록강은 흐른다』, 정규화 역, 서울 1982, 범우사.

국내 문헌

고미숙. 『한국의 근대성, 그 기원을 찾아서. 민족, 섹슈얼리티, 병리학』, 서울 2001, 책세상.

권세훈. 「한 민족의 일기쓰기로서의 소수 문학」, 뷔히너와 『현대문학』 제20호 (2003), 165-186쪽.

그리피스, W.E. 『은자의 나라 한국』, 신복룡 역, 서울 1999, 집문당.

김문용. 「동도서기론의 논리와 전개」, 한국근현대사회연구회 편, 『한국근대개화사상과 개화운동』, 서울 1998, 신서원, 205-279쪽.

김영옥 편. 『근대, 여성이 가지 않은 길』, 서울 2001, 또하나의문화.

김욱동. 『강용흘. 그의 삶과 문학』, 서울 2004, 서울대학교출판부.

김재원. 「이미륵 씨의 생애」, 조선일보, 1959년 1월 1,2,3,4일.

김현미. 「문화번역. 근대적 성찰의 비판적 작업」, 연세대학교 유럽문화정보쎈터 개소기념 학술대회 발표문(2001), 1-9쪽.

김효원. 「이미륵과 제임스 조이스에 비추어본 강용흘의 소설세계」, 『논문집』 7(1989), 한림대학교, 97-112쪽.

로잘도, R. 『문화와 진리』, 권숙인 역, 서울 2000, 아카넷.

루소, J. J. 『고백록 1』, 홍승오 역, 서울 1978, 동서문화사.

박대헌. 『서양인이 본 조선』 한국관계 서양서지, 서울 1996, 호산방.

박지향. 『일그러진 근대』, 서울 2003, 푸른역사.

백성현, 이한우. 『파란 눈에 비친 하얀 조선』, 서울 1999, 새날.

베리만, S. 『한국의 야생동물지』, 변영욱, 신복룡 역, 서울 2000, 집문당.

불레스텍스, 프레데릭. 『착한 미개인. 동양의 현자. 서양인이 본 한국인 800년』, 김정연 역, 서울 2001, 청년사.

비숍, I.B. 『조선과 그 이웃 나라들』, 신복룡 역, 서울 2000, 집문당.

새비지-랜도어, A.H. 『고요한 아침의 나라 조선』, 신복룡 역, 서울 1999, 집문당.

신복룡. 『이방인이 본 조선 다시 읽기』, 서울 2002, 풀빛.

심재기. 「최근문학번역이론의 흐름과 번역비평이 나아갈 길」, 『번역연구』 제1집, (1993), 67-104쪽.

오페르트, E.J. 『금단의 나라 조선』, 신복룡 외 역, 서울 2000, 집문당.

와그너, E.C. 『조선의 모습. 한국의 아동 생활』, 신복룡 역, 서울 1999, 집문당.

원승룡 외 저. 『문화이론과 문화읽기』, 서울 2001, 서광사.

윤 진. 「진실의 허구, 허구의 진실」, 『프랑스어문교육』(1999), 제7집 , 1호, 261-282쪽.

이광수, 「강용흘씨의 『초당』, 동아일보, 1931년 12월 10일.

______. 『이광수전집』, 서울 1963, 삼중당.

임진희. 「강용흘의 『동양인 서양으로 가다』에 나타난 코리안-아메리칸 드림」, 논문집』 3 (1997), 남서울대학교, 427-445쪽.

장태한. 「미국의 소수인종정책과 한인사회」, 『역사비평』 4, (1999) 299-317쪽.

전혜린. 「번역후기」, 『이미륵, 압록강은 흐른다』, 전혜린 역, 서울 1989, 범우사,

189-192쪽.
______. 「이미륵씨의 무덤을 찾아서」, 『여원』 5월호(1959).
정규화. 「이미륵, 영원한 한국인」, 『한국학연구』 제10집(1998), 179-203쪽.
______. 「이미륵의 문학활동과 휴머니즘」, 『한국학연구』 제11집(1999), 125-152쪽.
______. 「이미륵의 생애와 문학」, 『이미륵, 압록강은 흐른다』, 서울 2001, 범우사, 411- 428쪽.
조규익. 「해방전 미주지역 한인 이민문학의 국문학적 의미」, 『국어국문학』 제122집(1997), 277-301쪽.
______. 『해방전 재미한인 이민문학』 1-6, 서울 1999, 월인.
조현범. 『문명과 야만—타자의 시선으로 본 19세기 조선』, 서울 2002, 책세상.
최윤영. 「한국과 독일」, 『독일이야기』 2, 거름 2000, 345-365쪽.
클리포드, J 편. 『문화를 쓴다. 민족지의 시학과 정치학』, 이기우 역, 2000, 한국문화사.
탁석산. 『한국의 정체성』, 서울 2001, 책세상.
______. 『한국의 주체성』, 서울 2001, 책세상.
폰타나, 조셉. 『거울에 비친 유럽』, 김원중 역, 서울 2000, 새물결.
한봉흠. 「독일문단을 놀라킨 한국작가」, 『이미륵, 압록강은 흐른다』, 한봉흠 역, 서울 1983, 양우당, 409-418쪽.
헐버트, H.B. 『대한제국멸망사』, 신복룡 역, 서울 1999, 집문당.
홀, B. 『조선서해안 및 류쿠 발견 항해기』, 김석중 역, 서울 2003, 삶과꿈.

외국 문헌

An, Byong-Ro: *Die Religiosität der Koreaner in Deutschland*, Frankfurt a.M. 1996.
Assmann, Aleida u. Friese, Heidrunn: *Identitäten*, Frankfurt a.M. 1998.
Bachmann-Medick, Doris (Hg.). Übersetzung als Repräsentation fremder Kulturen," *Göttinger Beiträge zur internationalen Übersetzungsforschung*, Bd. 12, Berlin 1997.
Baumgärtel, Bettina: "Identitätsbalance" in der Fremde: Der Beitrag des symbolischen Interaktionismus zu einem theoretischen Rahmen für das *Problem der Identität in der Migrantenliteratur*, in: Fischer, Sabine/McGowan, Moray (Hg.). Denn du tanzt auf einem Seil. *Positionen*

deutschsprachiger Migrant-Innenliteratur, Tübingen 1997, S.53-70.

Bhabha, Homi. K.: *The Location of culture*, Routledge 1998.

Breen, M.: *The Koreans*, New York 2004, Sant Martin's Press.

Chambers, Iain: *Migration, Kultur, Identität*, Tübingen 1996.

Chiellino, Carmine: *Die Reise hält an. Ausländische Künstler in der Bundesrepublik*, München 1988.

Chu, Patricia P.: *Assimilation Asians*, Durham and London 2000.

Cumart, Nevfel A.: "Vom Schreiben in der Fremde. Einblicke in die Migrantenliteratur in Deutschland," in: *Diskussion Deutsch*, 26. Jahrgang, 143/1995, S.165-176.

Hammerschmid, Beata und Krapoth, Hermann: *Übersetzung als kultureller Prozeß, Göttinger Beiträge zur internationalen Übersetzungsforschung*, Bd. 16, Berlin 1998.

Heinze, Hartmut: "Migrantenliteratur im der Bundesrepublik Deutschland." *Bestandsaufnahmen und Entwicklungstendenzen zu einer mutikulturellen Literatursynthese*, Berlin 1986.

Hermann Krapoth: "Das Fremde im Spinnennetz der eigenen Kultur. Zeugnisse aus der deutschen Reziptionsgeschichte in Fernao Mendes Phintos Peregrinacao," in: B. Hammerschmid (Hg.): *Übersetzung als kultureller Prozeß, Göttinger Beiträge zur internationalen Übersetzungsforschung*, Bd. 16, Berlin 1998, S.177-212.

Kastoryano, Riva: *Negotiating identities*, Princeton 2002.

Khalil, Iman: "Orient-Okzident-Stereotype im Werk arabischer Autoren," M. Howard (Hg.): *Interkulturelle Konfigurationen zur deutschsprachigen Erzählliteratur von Autoren nichtdeutscher Herkunft*, München 1997, S. 77-94,

Kibra, Nazli: *Becoming Asian Americans*, Baltimore 2002.

Kim, Elaine H.: "Searching for a Door to America: Younghill Kang," *Asian American Review*, 1976, pp.102-116.

______. "Asian American Literature." *An Introduction to the Writings and their social Context*, Philadelphia 1982, Temple University Press.

Klaus-Detlef Müller: "Autobiographie und Roman." *Studien zur literarischen Autobiographie der Goethezeit*, Tübingen 1976.

Kuczynski, Jürgen: *Probleme der Autobiographie*, Berlin/Weimar 1983.

Kwak, Hyo-suk: *A Case of East Meeting West*, Newsreview (March 29), 1980.

Lee, John Kyhan: *The Notion of Self in Korean American Literature A: Socio-Historical Perspective*, University of Connecticut, 1990.

Lejeune, Philipp: "Der autobiographische Pakt," G. Niggl (Hg.): *Die Autobiographie*, Darmstadt 1998.

______. *Der autobiographische Pakt*, Frankfurt a.M. 1994.

Lönker, Fred (Hg.): "Die literarische Übersetzung als Medium der Fremderfahrung," *Göttinger Beiträge zur internationalen Übersetzungsforschung*, Bd. 6, Berlin 1998.

Neumann, Bernd: "Identität und Rollenzwang." *Zur Theorie der Autobiographie*, Frankfurt a.M. 1971.

Min, Pyong Gap: *Asian Americans*, London 1995, Sage Publications.

New, Il-Han: *When I was a boy in Korea*, Boston 1928, Lothrop.

Niggl, Günter (Hg.): *Die Autobiographie. Zu Form und Geschichte einer literarischen Gattung*, Darmstadt 1998.

Schmacher, Stefanie U.: Asian and western world views in the literature of Mirok Li, A cultural mediator between Korea and Germany, master thesis, Graduate school of International Studies of Yonsei University, 1990.

Schulze, François (Hg.): *Deutsche Erinnerungsräume*, München 2002.

Sengupta, Mahasweta: "Translation, colonialism and poetics. Rabindranath Tagore in two worlds," S. Bassnett and A. Lefevere (ed.): *Translation, history, and culture*, London 1995, pp.56-63.

Shimada, Shingo: "Schlüsselbegriffe im westlichen und japanischen Selbstverständigungsdiskurs. Gemeinschaft und Gesellschaft," B. Hammerschmid (Hg.): *Übersetzung als kultureller Prozeß, Göttinger Beiträge zur internationalen Übersetzungsforschung*, Bd. 16, Berlin 1998, S.177-212.

Simon, Ralf: "Autobiographie als elementare Hermeneutik," *Jahrbuch der Jean-Paul-Gesellschaft* 29(1994), S.111-129.

Şölçün, Sargut: "Literatur der türkischen Minderheit," C. Chiellino(Hg.): *Interkulturelle Literatur in Deutschland*, Stuttgart 2000.

Souessi, Karim El: *Kulturbegegnung/Kulturkonflikt-Das Leben und das deutschsprachige Werk des Koreaners Mirok Li*, Magisterarbeit an der

Universität München, 1995.

Sparn, Walter: *Wer schreibt meine Lebensgeschichte? Biographie, Autobiographie, Hagiographie und ihre Entstehungszusammenhänge*, Gütersloh 1990.

Stocker, Karl: "Ein kultureller Mittelr zwischen Fernost und Europa: Mirok Li-Notizen zu einem Wiedergelesenen," *Dokilmunhak*, Bd. 40(1988), S. 408-440.

Uba, Laura: *Asian Americans: Personality Patterns, Identity, and Mental Health*. New York 1944, The Guiford Press.

Wagner-Egelhaaf, Martina: *Autobiographie*, Stuttgart 2000.

Wierlacher, Alois (Hg.): "Kulturthema Fremdheit." *Leitbegriffe und Problemfelder kulturwissenschaftlicher Fremdheitsforschung*, München 1993.

Wierlacher, Alois: *Handbuch interkulturelle Germanistik*, Stuttgart 2003.

Wierschke, Annette: *Schreiben als Selbstbehauptung*, Frankfurt a.M. 1994.

Wu, Frank H.: *Yellow*, New York 2002.

Wuthenow, Ralph Rainer: "Das erinnerte Ich." *Europäische Autobiographie und Selbstdarstellung im* 18. Jahrhundert, München 1974.

Yin, Xiao-Huang: *Chinese American Literature since the 1850s*, Urbana 2000, Press of University Illinois.

Zeller, Eva: "Die Autobiographie." *Selbsterkenntnis—Selbstentblößung*, Stuttgart 1995.

Abstract

Writing Korean Culture A Comparative Research on *the Grass Roof* and *The Yalu flows*

This book analyzes two representative Korean early migration literature, *The Grass Roof* of Younghill Kang (1931) and *The Yalu flows* of Mirok Li (1946) in the poetics of ethnography. Early immigrant literature are often read not only in pure literary communication, but also in their special function to mediate their own culture and tradition to foreign readers. Both texts are compared and discussed under the aspect of Korean cultural representation during the Japanese colonization period. My key concepts of text and context analysis consist of counter-memory, selective memory and bicultural memory. Kang and Li wrote Korean tradition and culture as independent from japanese colonial representation and their texts are written for ignorant foreign readers. The representations are selective, because they dealt with a certain social class culture, mainly the ruling Confucian big family culture with additional Buddhist and Taoist traditions. Bicultural memories are present, not only in apparent hybrid writing of Kang, but also in Li, as both writers considered the knowledge and expected horizons of American and German readers respectively and accepted explicit and implicit foreign literary traditions. The differences of these two texts are researched on the basis of eloquent writing and elliptic writing. This classification refers to personal characters of figures as well as to the writing styles of the authors. Kang described and commented his youth and adolescent period in Korea from the emphasis of experienced narrators, while Li put the acting figure in the foreground and abstained from his own opinion. Both texts issued Korean historical, social and political situations with radical change from the same period (Korean colonization and modernization) as well as Korean European images that reflected the different viewpoints of each author. Kang described and criticized them eloquently, while Li chose the elliptic writing strategy, that disclosed the unspoken dark and hard circumstances in Germany. Through the re-reading of both texts it becomes clear, that 'Korean culture' is in itself a text too; that is to write and to rewrite according to historical contexts. Both texts constructed Korean nations and culture at certain times and in certain places, that we read with mixed feelings of identification and melancholy of loss.

찾아보기

발간사

'한국학'에 대한 관심과 요구가 국내외에서 높아지고 있다. 한국학을 전공으로 하는 학과도 생겨나고 한국학 연구자들의 국제학술대회도 종종 접하게 된다. 한국사회가 짧은 시기에 보여 준 역동적인 변화에 대한 학문적 관심이 나라 안팎으로 증대된 결과일 것이다. 한국의 역사와 문화, 사회적 경험이 점점 더 많은 연구자들의 관심대상으로 되고 있다는 사실은 매우 반가운 일이다.

한국학이란 고정된 분과학문 체계 내의 한 부분영역이 아니라 다양한 분과학문들이 함께 참여하는 학제적 연구의 성격을 지닌다. 한국학은 과거의 전통에 깊은 관심을 갖지만 현재의 문제들에도 주목하며 미래의 전망을 모색하는 작업도 포함한다. 인문학적 논의와 사회과학적 관심은 물론이고 자연과학적 문제의식과 예술적 시각이 함께 어우러지는 곳이다. 당연히 한국학은 국내의 연구자들이 자신의 특수성만을 부각시키는 폐쇄적인 장이 아니라 전 세계의 학자들이 자유롭게 참여하는 지적 토론의 공간이다. 한국을 대상으로 한 다양한 연구를 지원하며 진지한 논의와 지적 실험을 뒷받침하는 것이야말로 한국학의 가장 중요한 역할이라 할 것이다.

이런 의미에서 한국학은 한국의 문화와 역사적 경험을 전 인류의 문화유산과 역사적 경험의 한 부분으로 바라보는 전 지구적 시각을 요구받고 있다. 한국학은 한국사회의 경험을 연구하되, 그것을 21세기 세계사적 과제들과 더불어 사고함으로써 새로운 문명적 대안을 모색하는 전 지구적 논의에 적극적으로 동참하는 작업이 되어야 한다. 이런 종합적이고 개방적인 연구의 집적을 통해서만 한국의 특수성만을 절대화하는 오류에서 벗어나면서 동시에 서구의 눈으로 한국을 대상화, 타자화하는 오리엔탈리즘적 지역학의 한계도 극복할 수 있는 길이 열릴 것이다.

한국의 학문 발전에 큰 책임을 지고 있는 서울대학교는 한국학의 바람직한 발전을 위해 적극적인 역할을 하고자 한다. 이를 위해 별도의 연구기금을 마련하여 '한국학 장기기초연구 지원사업'을 추진하고 이 사업의 결과물들을 모아 연구총서, 자료총서, 모노그래프를 출간하기로 했다. 서울대학교 교수진의 연구역량과 진지한 문제의식들이 결집됨으로써 한국학의 연구수준이 더욱 높아지고 내용이 보다 풍부해질 것을 믿고 있다. 이 연구사업이 해를 거듭할수록 한국사회에 대한 이해가 깊어짐은 물론이고 한국의 경험을 통해 세계 학계의 시각과 논의도 더욱 풍성해질 것을 기대해 마지않는다.

2003년 8월

서울대학교 한국학연구사업위원회

저자 약력

최윤영

서울 출생. 서울대학교 인문대학 독어독문학과에서 학사와 석사과정을 마치고 독일 Bonn 대학에서 1993년 「사실주의의 침묵하는 주인공들」로 박사학위를 취득하였다. 문학과 문화학의 접맥주제에 관심이 많고 최근에는 이민문학 연구에 주력하고 있다. 현재 서울대 인문대학 독어독문학과 교수.

저서

『사실주의의 침묵하는 주인공들』(1996), 『독일이야기 1』, 『독일이야기 2』(2000).

역서

『에다』(2004), 『개인의 발견』(2005) 외.

논문

「근대에 대한 비판으로서의 '미적 현대', 구스타프 클림트의 학부회화논쟁을 중심으로」(2001), 「문화연구와 이방인. 대표적 타자를 중심으로」(2001), "Theodor Fontane als Zeitgenosseder Moderne" (2000) 외 다수.

서울대학교 한국학 모노그래프 37

한국문화를 쓴다

강용흘의 『초당』과 이미륵의 『압록강은 흐른다』 비교연구

저자 최윤영

2006년 6월 5일 초판 제1쇄 인쇄
2006년 6월 10일 초판 제1쇄 발행

발행인 정운찬
발행처 서울대학교출판부
151-742 서울 관악구 신림동 산 56-1
판매과 02-889-4424, 02-880-7995
Fax 02-888-4148
E-mail snubook@snu.ac.kr
Home-page http://www.snupress.com

출판등록 제15-3호

ISBN 89-521-0706-3 93810

값 9,000 원

서울대학교 한국학연구시리즈 모노그래프

예빈도에 보인 고구려 — 당 이현묘 예빈도의 조우관을 쓴 사절에 대하여
노태돈

현대 한국유교와 전통
금장태

살인의 진화심리학 — 조선 후기의 가족 살해와 배우자 살해
최재천 · 한영우 · 김호 · 황희선 · 홍승효 · 장대익

무협소설의 문화적 의미
전형준

정조시대의 무예
나영일

벼락도끼와 돌도끼 — 고고자료에 대한 전통적 인식 연구
이선복

한국 옛 경관 속의 생태지혜
이도원

식민권력과 통계 — 조선총독부의 통계체계와 센서스
박명규 · 서호철

한국의 천연염료 — 전통염료와 천연염색기술
김재필 · 이정진

북한의 의학교육
박재형 · 김옥주 · 황상익

위성영상을 이용한 북한지역의 해안습지 연구 — 평안남도를 사례로
유근배

사할린 귀환자
이순형

조선시대 간척지 개발 — 국토 확장과정과 이용의 문제
박영한 · 오상학

한국 구비문학에 수용된 재담 연구
서대석

구어 한국어의 의향법 실현방법
권재일

한국 고소설에 나타난 오이디푸스 콤플렉스 — 〈심청전〉 · 〈콩쥐팥쥐전〉
류인균

한국자본자유화와 금융자유화의 근년변화 — OECD 가입 및 IMF 사태 이후의 실상, 평가 및 대응
이천표

한국에서 마르크스주의 경제학의 도입과 전개과정
김수행

전통마을 경관 요소들의 생태적 의미
이도원

경제개방이 우리나라 노동시장에 미친 효과
김대일

남북한 경제의 이질성 — 경제통합에 관한 함의
이지순

한국의 중산층
홍두승

조선시대 복식에 나타난 적색계 색명의 의미
남윤자 · 김순영 · 박성실

20세기 초기 국어의 문법
권재일

우리나라 인체기생충 및 의용절지동물의 동물상(fauna)과 개요
채종일

웃음으로 눈물 닦기 — 한국 언어문화의 한 특질
김대행

한국 장수인의 개체적 특성과 사회환경적 요인 — 호남지방 장수벨트를 중심으로
박상철 · 이미숙 · 이정재 · 한경혜

한국의 좌파 경제학자들
김수행 · 김공회

心과 性 — 茶山의 『孟子』 해석
금장태

한국 여성의 건강증진행위
윤순녕 · 김숙영 · 이지윤

한국 고대의 온돌 — 북옥저, 고구려, 발해
송기호

한국의 고령노동 — 경제활동과 고용구조의 장기적 변화
이철희

3칸×3칸 — 한국 건축의 유형학적 접근
전봉희 · 이강민

정약용 사상 속의 과학기술 — 유가 전통, 실용성, 과학기술
김영식

서울대학교 한국학연구시리즈 연구총서

지방문학사 — 연구의 방향과 과제
조동일

한국 근대과학 형성과정 자료
문만용 · 김영식

목석의 울음 — 손창섭 문학의 정신분석
조두영

통일한국의 농업 — 통일 이후 남 · 북한 농산물의 통합생산 방안
김완배 · 이태호 · 김한호 · 이정재 · 정하우

사회운영원리 — 현대 한국사회의 철학적 문제
백종현

한국유교의 과제
금장태

韓國 古代 · 中世初期 土地制度史 — 古朝鮮~新羅 · 渤海
이경식

『무과 총요』 연구
나영일

재벌체제와 다국적기업 — 경제개발의 두 가지 유형
이승훈

붉은악마와 월드컵
이순형

한국 근대의 사회복지
안상훈 · 조성은 · 길현종

『조선왕조실록』 보존을 위한 기초 조사연구(1)
송기중 · 신병주 · 박지선 · 이인성

북한 주요산업지역의 토지이용 변화와 개방지역에 관한 연구
황만익 · 이기석

韓國 中世 土地制度史: 朝鮮前期
이경식

서울대학교 한국학연구시리즈 자료총서

古代國語 語彙 表記 漢字의 字別 用例 研究

송기중

삼국과 통일신라의 불교사상

허남진 · 심재룡 · 최유진 · 정영근 · 방인 · 박해당 · 변희욱 · 박재현

고려의 불교사상

심재룡 · 서정형 · 박해당 · 김정희 · 김종명 · 변희욱 · 박재현